Dans la même collection

Le Louvre - Le musée d'Orsay - L'impressionnisme
L'art égyptien - L'art africain - L'art islamique
Picasso- Matisse - Paris
L'art moderne - L'art contemporain
Le design - La sculpture moderne
L'art brut - L'art des grottes - L'art des Papous
L'art bouddhique - La photographie (1839-1960)
Le surréalisme

En couverture :
Denis Oppenheim : *Whirlpool - Eye of the Storm* (1973).
En frontispice :
Pendant la préparation de l'exposition : *Sur la route*
(entre Besançon et Belfort, le long du Doubs, 1994)
Écluse n° 38 de La Raie aux Chèvres : Hugues Reip en cours de montage
de *Lignes (sur la route)*. Installation : éléments d'échafaudage ;
hauteur : 10 mètres (œuvre reproduite p. 76).

Passage Lhomme - 26, rue de Charonne - 75011 Paris

ISBN 2-86656-202-X

TABLEAUX CHOISIS

À ciel ouvert

l'art contemporain à l'échelle du paysage

Christophe Domino

EDITIONS SCALA

Remerciements

L'auteur et les Éditions Scala assurent de leur gratitude tous les artistes et les photographes qui ont généreusement cédé leurs droits de publication pour une meilleure connaissance de l'art contemporain.

L'auteur remercie les artistes pour leur généreuse complicité, en particulier Hugues Reip, ainsi que Sophie Ristelhueber, Gilles Mahé, Boris Achour, Didier Courbot, Daniel Pontoreau et Jacques Villeglé dont les œuvres avaient leur place dans ces pages (mais les livres n'ont jamais assez de pages) ; pour leur contribution à la documentation, Yves Abrioux, Gilles A. Tiberghien, Catherine Francblin, Berislav Valusek à Rijeka, Christian Hubert-Rodier et Alain Viguier, Sylvie Fanchon, Eric Mangion ; pour leur aide particulière et amicale, Catherine Bédard, services culturels de l'ambassade du Canada à Paris, Stacy et Chet à New York, Renos Xippas à Paris, Jany Bourdais à Turin ; pour leurs prêts de documents de reproduction : Soléne Guillier, Galerie Yvon Lambert ; Agnès Fierobe, Galerie Marian Goodman, Gabrielle Maubrie et sa galerie, Michel Durand-Dessert, Anne de Villepoix, Roger Pailhas et Laurent Godin, Arthur Miranda, Galerie Hauser et Wirth, Zurich, Patrice Cotensin, Galerie Lelong, Dominique Marchès, Centre d'art de Vassivière en Limousin, Cati Chambon pour le Crestet, Odile Lemée, Ville de Rennes ; la galerie Fùcares, Madrid ; Catherine Elkar et Claire Legrand pour le FRAC Bretagne ; Anne Alessandri pour le FRAC Corse ; Catherine de Zegher à Courtrai ; Jennifer Mackiewicz pour Michael Heizer, Michael Bond pour James Turrell, Sophie Streefkerk pour Daniel Buren, Mika Koike pour Tadashi Kawamata, Felicia Cukier à Toronto ; pour son travail et sa patience, la petite équipe des éditions Scala, pour sa confiance, Chantal Desmazières ; pour sa présence, Véronique Pittolo.

Ces pages à Sam.

Sommaire

À ciel ouvert

Par les champs, les déserts,
les bois, les jardins ou les rues,
depuis longtemps
il est des œuvres de l'art
installées à ciel ouvert.
Elles existent en leur lieu,
dans leur temps ; elles vivent dehors.
Créations d'homme,
elles se mesurent
à l'échelle du paysage,
du cosmos ou du monde vécu.
Avec modestie ou bravade, c'est selon.
Elles vivent encore au travers
de leur souvenir photographique ;
elles font image.
C'est un imaginaire d'aujourd'hui
que ces pages invitent
à parcourir.

L'art sans mur

Les œuvres réunies ici partagent la caractéristique commune, très large et très concrète, de se manifester pour un moment ou de s'inscrire pour toujours dans l'espace du paysage. À ciel ouvert, c'est à dire partout dans le monde, dans l'espace accessible aux transformations du jour et de la nuit, des nuages, des saisons : bois, déserts, plages, rivières, champs et jardins, mais aussi boulevards, cités, rues, parcs et places : la nature, si l'on veut, pour peu que l'on ne réserve pas ce mot à une vision nostalgique d'une nature, végétale, originaire et pure ; ou mieux, l'espace plus indéterminé qu'est l'environnement, qui comprend tous les cercles d'activité de l'homme, exploiteur, ravageur ou aménageur, nature comprise. Même si l'expérience montre qu'elle n'y a aujourd'hui qu'une place très limitée et contenue. En somme, l'échelle de cet art-là, c'est celle de l'espace vécu, physiquement traversé ou investi par l'imaginaire. En somme, le lieu de cet art-là, c'est non pas *n'importe où*, mais *partout*. Sous quelles formes se présente-t-il ? Où le rencontrer ?

Accordons qu'il faut le chercher un peu, car cet art délocalisé est souvent un art dématérialisé ! De quoi heurter l'attente de l'amateur, s'il est nourri

◄ **Giovanni Anselmo (1934).**
Entrare nell'opera
(Entrer dans l'œuvre) (1971).
Photographie prise au déclencheur-retardateur (image de l'artiste faite par lui-même).

Dans l'œuvre d'art, l'espace est avant tout abstrait.

de l'héritage culturel qui fait de la statue une forme privilégiée de la sculpture, celle que justement l'on met dehors. La statue entretient depuis longtemps, dans l'histoire des cultures, des relations avec les parcs et les villes, avec l'espace public. Une muse au fond d'un parc, une nymphe sur sa fontaine, un héros au coin de la rue ; ou encore le groupe souffrant et la sombre litanie de noms des disparus de guerre du mémorial. La statue est alors dotée de la fonction de monument, avec quoi l'œuvre d'art moderne entretient des rapports ambigus. Car la dimension socio-politique du monument tout à la fois attire et inquiète : elle est bien sûr une preuve du lien, de l'ancrage de l'art dans la communauté des hommes. Mais elle contraint les œuvres à des fonctions allégoriques ou commémoratives, loin des préoccupations des artistes de ce siècle. Le besoin de monument est loin de faiblir cependant, mais il a largement commencé à se plier à la disparition ou du moins au recul de la statue au profit de bien d'autres formes de ce que l'on nomme encore sculpture. La commande publique veille à pourvoir aux besoins de la commémoration, sans négliger les langages contemporains de la sculpture élargie. Mais l'art à ciel ouvert le plus souvent n'entend pas répondre à un besoin social, collectif.

Il est aussi, bien sûr, des lieux publics spécialisés, de ceux que l'on nomme... musées, dont certains offrent des espaces ouverts, des salles sans toit, un jardin, une cour, une terrasse. Il est des institutions publiques ou privées, qui réunissent sur leur pelouse ou dans leur

Piero Manzoni (1933-1963). ►
Socle du monde (1961).
Acier : 82 x 100 x 100 cm.
Collection Herning Kunstmuseum, Danemark.

Ce qui n'empêche pas de garder les pieds sur terre.

sous-bois des œuvres pour l'extérieur ; des parcs de sculptures, dit-on. Ce sont des centres d'art comme Le Crestet dans le sud de la France, Vassivière en Limousin, le Domaine de Kerguéhennec en Bretagne. Ce sont les parcs du musée Kröller-Müller en Hollande, le Storm King Art Center, à Mountainville aux États-Unis, pour citer ceux que nous retrouverons plus loin. Là, provisoirement ou pour le long terme, des œuvres ont trouvé leur site, espace naturel, environnement végétal, topographie particulière. Mais le parc est encore un endroit clos et la pratique de la sculpture aujourd'hui produit des formes qui souvent ne sont en rien des objets-sculptures. Ici encore, le lieu définit l'œuvre, alors que bien des œuvres aujourd'hui cherchent à définir leur lieu. Et ici encore, le temps est imposé à l'œuvre, qui offre sa perennité au bon vouloir du musée, au gré du calendrier d'une exposition. La statue, elle, appartient à une conception de l'espace ancienne. Dressée sur le plancher des hommes, elle participe à un espace statique, un espace du regard qui s'est profondément transformé au XXe siècle. Comme on peut le dire de l'invention de la perspective dans la peinture, la délocalisation de la sculpture au cours du siècle répond, autant qu'elle l'exprime, à une réelle transformation de la culture occidentale dominante : c'est le siècle du kilomètre-heure, mesure banale pour tout un chacun, qui permet pourtant de penser le temps et l'espace au travers de l'expérience double qu'est le déplacement. C'est bientôt le siècle du mur du son, où la vitesse, dans un bang, échappe à l'ouïe, là-haut, dans le ciel des Dieux qui est devenu celui des avions. C'est le siècle où, la conquête par l'horizontale et l'étendue étant achevée, s'ouvre la perspective par le haut, par le ciel. «Tout bascule dans cette fin de siècle, non seulement les

Gabriel Orozco (1962). ►
From Roof to Roof (De toit à toit) (1993).
Photographie cibachrome : 23 x 33 cm (tirage en 5 exemplaires).

◀ **Constantin Brancusi (1876-1957).**
La colonne sans fin à Tirgu Jiu (1937). Photographie de Constantin Brancusi.

La sculpture à la conquête de l'infini, depuis les profondeurs de la terre jusqu'aux cieux. L'axe du monde passe par là.

frontières géopolitiques, mais celles de la géométrie perspective. Cul par-dessus tête ! La déconstruction est celle des apparences et des apparitions de l'art, mais encore celle de la soudaine transparence du paysage mondain », s'exclame Paul Virilio. Sans fusées et sans autres ambitions de conquête que symboliques, l'œuvre d'art s'adresse à un espace réel, redisposé sur des échelles nouvelles, dans des hiérarchies autres. Et choisit son contexte, son site, son lieu.
La rêverie romantique sur l'horizon inaccessible est devenu un arpentage, un voyage physique qui se prolonge par les images que l'on en rapporte. Le ciel n'est plus inabordable, alors que dans un singulier panthéisme qui trouve parfois un relais dans l'écologie, l'espace dans son entier est devenu une zone sensible. Le saut dans le vide de Yves Klein comme les expériences de lévitation par électromagnétisme de Takis le manifestent, dès 1960. Le rêve d'élargissement de l'art vers la vie, thème récurrent qui traverse la modernité artistique, trouve là un de ses triomphes : l'œuvre d'art peut réellement partager l'espace du vivant, et occuper toutes les échelles, du microcosme au macrocosme. Elle peut se perdre dans l'inframince, selon le mot de Duchamp, se réduire au geste, à la trace, ou se mesurer à la dimension du paysage, voire tâter des dimensions cosmiques. Elle rencontre alors les tentations rituelles plurimillénaires, jouant à redécouvrir ce que les astronomes, deux mille ans avant Jésus-Christ, savaient déjà. Le thème de l'observatoire solaire, à côté d'autres signes des cultures premières, est particulièrement cher aux artistes américains, on le verra. Enfin, se frottant à la dimension géographique du monde, l'œuvre perd en

Stonehenge, Whiltshire, Grande-Bretagne (âge du bronze, 2000 à 1500 ans avant J.-C.). Ensemble mégalithique. Hauteur maximale : 6 m. ▶

L'un des sites qui marque l'importance des cultes solaires dans la culture humaine. Bien des artistes y référeront.

Chris Burden (1946).
747
5 janvier 1973. Los Angeles, Californie. « Vers 8 heures du matin, sur une plage non loin de l'Aéroport International de Los Angeles, j'ai tiré plusieurs coups de revolver sur un Boeing 747. »
Action ; document de l'artiste.
▼

temps ce qu'elle a gagné en étendue : une des difficultés qu'il y a à rencontrer nombre des œuvres à ciel ouvert, c'est qu'elles sont aussi bien localisées dans le temps que dans l'espace. Leur durée de vie est limitée, par l'érosion géologique, par leur précarité matérielle ou par décision de l'artiste. Ou plutôt ont-elles une double vie : une vie en tant que sculpture, sur le terrain, dans le temps et la durée de leur événement, acte de naissance d'une autre forme de l'œuvre, qui la fait passer de la sculpture à l'image, à l'image photographique en particulier. Transformé en documentation photographique, en «photo-souvenir», comme Daniel Buren le spécifie systématiquement pour rappeler la réduction que produit la photographie sur les multiples relations de l'œuvre au site, les trois dimensions de la sculpture finissent dans l'épaisseur du papier ; l'esprit de grand air souffle dans les deux dimensions de la photo. Assumée selon le choix de chaque artiste comme œuvre à part entière ou produite comme simple documentation, l'image installe l'œuvre presque d'office dans le Musée Imaginaire, dans cette culture par reproduction d'images qui fait notre époque riche d'une mémoire de l'art sans équivalent. Elle rejoint en cela des pratiques comme celles de la performance, qui existent par leur trace, au-delà de leur seule manifestation.

Comment donc voir un art qui prend le monde comme mesure et le paysage comme scène ? En acceptant une double redéfinition : celle de l'espace vécu, comme un matériau disponible, dynamique et provisoire ; celle de la sculpture, élargie jusqu'à sa dissolution, en se frottant à d'autres pratiques comme l'architecture ou le jardinage. L'art s'y retrouve alors, non comme savoir faire, mais comme savoir habiter le monde.
Une chose encore : voir se conjugue au présent dans ces pages, dans le présent de la marche qu'il nous faudra faire pour rejoindre l'œuvre comme pour retrouver un paysage familier. Si le ciel est à tout le monde, encore faut-il aller le chercher ! C'est en tous cas à partir de ce présent-là que les œuvres prennent leur consistance, s'inscrivent dans l'histoire. Soyons plus géographe qu'historien, au moins pour commencer.

Gabriel Orozco
Island within an Island
(Île dans une île) (1993).
Photographie cibachrome.

Le paysage bâti : volontaire ou accidentel ?
▼

Pol de Limburg (mort après 1416). ►
Les très riches heures du duc de Berry (1413-1416).
Le mois d'octobre : les labours
Miniature, détail.
Musée Condé, Chantilly.

La vue plongeante, qui laisse peu de place au ciel, est proche de l'activité des hommes. L'architecture contribue à la construction du paysage.

Hugues Reip (1964).
Automatic (1997).
Projection :
80 diapositives (extrait).
Collection FRAC Corse.

L'imaginaire moderne du paysage se fait au croisement des images de la peinture, de la photographie et du cinéma. Le paysage terrestre laisse la part belle au ciel.
▼

Le paysage dans l'art, l'art dans le paysage

Parce qu'elles opèrent à l'échelle du paysage vécu, les œuvres du Land Art permettent que l'on rouvre la question du paysage, dans sa multiplicité d'enjeux et d'interrogations : du côté anthropologique, puisque le paysage ne cesse de révéler son habitant, et du côté des moyens de la vision et de la représentation, puisqu'il n'existe pas sans celui qui le regarde. Dépendant à la fois de la réalité de l'expérience vécue et d'un genre artistique, il est complexe à définir. Il est en tout cas un phénomène qui appartient à l'histoire, puisqu'on peut y voir une expression directe de l'idée que l'homme se fait de sa place dans le monde. L'histoire de l'art a donné de ses meilleures pages sur ces questions, relevant comment les principes de la représentation sont construits par une culture, par un moment. Des imaginaires antique et médiéval, où l'espace est d'abord un champ de symboles, à l'espace traversé de la modernité, l'idée du paysage se forge entre expérience vécue et savoir de la représentation, artistique en particulier.

La relation entre le monde et sa figuration est un jeu de retournements, d'allers et retours du réel à son image. La fenêtre du tableau puis de la photographie ont délimité un cadre, à l'intérieur de quoi il se construit. Mais le XXe siècle voit s'accélérer ces échanges jusqu'au vertige, modelant l'idée de l'espace tout entier, jusqu'aux dimensions immatérielles d'un monde que l'on dit virtuel. Tout se mêle : la transformation du monde en artefact, c'est-à-dire la mainmise presque entière de l'homme sur l'espace terrestre, et la naturalisation des œuvres d'art, c'est-à-dire leur ambition à se confronter au

◄ **Robert Morris**
Observatory (détail).
Vue par l'un des deux viseurs orientés vers l'endroit où le soleil se lève au moment des solstices.

Robert Morris (1931). ►
Observatory (Observatoire)
Oostelijk, Flevoland, Pays-Bas (1971-1977).
Terre, bois, granit, acier, gazon. Diamètre du cercle extérieur : 91 m. Diamètre du cercle intérieur : 24 m.

Construit en 1971 à l'occasion d'une exposition, l'observatoire est légèrement agrandi dans sa version permanente, accessible en une heure de route au nord-est d'Amsterdam.

◄ **Robert Morris**
Observatory (détail).
Vue orientée sur l'axe est-ouest par le tunnel d'entrée. Le soleil se lève aux équinoxes dans ce viseur central.

Je n'ai pas eu l'idée de produire un objet, mais de donner forme à l'espace.
Robert Morris, 1997.

monde, au présent. Dans cette relation croisée, le monde objectif se voit suppléé par sa représentation, pendant que la figure, le signe ou le symbole se projettent à l'échelle du paysage. La banalisation des points de vue nouveaux (vision aérienne, vision extraterrestre) ou des modes de voir à distance (photographie, télévision...) transforme non seulement la dimension absolue, mais aussi les échelles relatives des choses. La modernité a rendu manifeste l'insuffisance de l'espace euclidien à contenir le paysage, ce « visible par excellence » selon une définition des géographes devenue aujourd'hui trop étroite. Si au XIXe siècle la culture paysagère du militaire – au nom de la stratégie –, ou du touriste – au nom du pittoresque – s'attache encore à un monde pris comme il est vu, désormais l'ambition de la description a quitté le cadre de l'art pour relever d'autres champs de pratiques, souvent scientifiques, qui nous fournissent des images et des regards tels ceux du météorologue ou du voyageur de l'espace.
L'art de ce siècle a calmé sa soif d'exploration objective. Il lui préfère une appropriation subjective des choses. Par tous les modes d'investissements qui se trouvent à portée d'artiste ; c'est-à-dire... presque tous !

Pourtant, paradoxalement, une autre part de l'imaginaire qui irrigue le Land Art n'a rien de moderne : elle emprunte bien plus aux cultures premières, originaires, dans une nouvelle forme du primitivisme, ce revers récurrent de la modernité. L'ambition de se mesurer à la dimension terrestre et cosmique fait resurgir les civilisations passées, surtout quand elles se mesuraient au monumental. Les pyramides égyptiennes, les alignements et gravures anglo-saxonnes, la muraille de Chine, les temples et cités d'Amérique centrale, mais encore la Tour de Babel, les dessins au sol des Indiens ou les peintures rupestres : le syncrétisme moderne n'a peur d'aucun raccourci historique et récupère, en même temps que l'ambition architecturale, la dimension mystique ou sacrée de ces grandes entreprises de la culture humaine. Le vocabulaire de pyramide et de spirale initiatique, d'observatoire et de labyrinthe qui se retrouve fréquemment dans les projets des artistes du Land Art trouve là l'un de ses ancrages : confrontation aux cieux qui, cette fois, ne doit rien aux fusées de la modernité. Voilà qui permet de donner à l'artiste un rôle, une position d'intercesseur, plus implicite que revendiquée, qui s'ajoute à celles de pionnier, d'explorateur, d'ermite, de conquérant du paysage.

▲
Hamish Fulton (1946).
A view from the west coast of Arran across Kilbranan Sound (1978).
Diptyque. Photographie noir et blanc, texte, verre et bois : 74 x 117,5 et 96,5 x 89,5 cm.
Collection FRAC Bretagne.
Une marche sans intervention sur place : pour Fulton, le paysage ne peut être qu'une image photographique classiquement encadrée.

◄ **Lawrence Wiener (1940).**
(Put) on a fixed point (taken) from a fixed point
(Posé) en un point fixe, (pris) depuis un point fixe (1992).
Peinture murale, installation en français et en anglais à l'occasion d'une exposition au Channel-Scène Nationale, Calais, 1992.
Chaque lettre : environ 30 cm.

Le mot aussi construit l'espace.

L'histoire du Land Art commence là, dans ce retournement des places et rôles de l'observateur et de ce qu'il observe, dans cette liberté des moyens des modernes. Elle commence par des actions ou des projets, avant que l'histoire de l'art ne lui donne un nom. D'ailleurs, bien peu d'artistes se sont reconnus dans cette dénomination de Land Art, sauf Walter de Maria, un moment. Pourtant cette confrontation non seulement à l'image de l'espace mais à sa réalité en trois dimensions tente les artistes depuis au moins le tournant des années 60. Ainsi quand un artiste croate comme Ivan Kozaric, en 1960, fourbit le projet d'araser une montagne, qui aurait transformé à la fois le paysage de la Yougoslavie et celui de la scène de l'art ; ou quand Jean Tinguely s'en va dans le désert de Las Vegas, pas si loin des territoires que vont explorer quelques années plus tard les héros de l'Earth Art, pour y orchestrer son projet d'*Étude pour la fin du monde* en 1962.

Que ce mouvement de confrontation avec l'élément-monde se soit le plus visiblement passé en terre américaine n'étonnera pas : la logique de la conquête de l'espace s'y pose plus concrètement que dans une Europe où les périmètres de *terra incognita* sont rares. D'où la prégnance des entreprises d'artistes américains en ce domaine : ils ont comme en d'autres matières le bénéfice – le seul bénéfice, mais qui importe en l'occurrence puisqu'il alimente concrètement les œuvres – du vide et de la dimension. Quand il s'agira de se mesurer à l'espace de la ville, de ce dédale de signes que peut constituer l'urbanité, il n'en sera plus ainsi, même si dans l'espace européen si densément meublé par l'histoire, il est bien difficile d'échapper à l'emprise du musée.

▲
Robert Smithson (1938).
Un camion à benne pendant la construction de *Spiral Jetty (Jetée en spirale*, 1970) déverse son chargement de rochers, de terre, de cristaux de sel dans le Grand Lac Salé, Utah (USA).

▲
Robert Smithson
Spiral Hill
(Colline en spirale)
Emmen, Hollande (1971).
Terre arable noire, sable blanc : environ 23 m à la base.

L'œuvre est toujours accessible à Emmen aux Pays-Bas, avec son pendant, *Broken Circle,* en contrebas au bord du canal.

◄ **Jean Vérame (1936).**
Tibesti Peintures
Tchad (1989).
Peinture spéciale pour résister au soleil, projetée sur roches.

Le geste de peindre à l'échelle du relief, de colorer le désert : Vérame a ainsi peint dans le désert du Sinaï et au Maroc (1984).

Déplacer les montagnes

B*ig is beautiful!* Grand, c'est mieux! En décidant de se confronter à la réalité physique du paysage, les artistes se prennent au jeu de répondre avec la même échelle de proportion. Le gigantisme, en tout cas, est l'une des plus sûres manières d'échapper à la logique du marché de l'art. Et puis, aux USA, au XXe siècle, Titan et Prométhée sont encore en action, d'autant que là-bas, comme le rappelle un historien du paysage américain, « la nature est là pour être conquise, pas admirée ». La tentation mâle et conquérante trouve son terrain et ses moyens : le paysage, tout à la fois découpé par le tracé des routes et perçu depuis la route par le point de vue mobile du voyageur, met ses outils à portée des artistes, et fait du chantier de terrassement un modèle fascinant pour le sculpteur. Robert Smithson, par exemple, travaille un moment dans une compagnie de construction de grand chantier. La maximalisation des œuvres est un trait américain, conforme non seulement au cliché, mais à la réalité de la géographie américaine. Elle fait aussi écho à l'attitude très Pop'Art appliquée à l'image et plus encore à l'objet, à peine plus tôt dans les années 60. Pour Oldenburg, par exemple, la décision d'agrandissement est essentielle, transformant l'objet d'usage en totem monumental. La réalisation à grande échelle fait de la production de l'œuvre d'art un spectacle en soi qui renvoie de manière parfois ambiguë au modèle de l'entreprise.

La tentation de la grande échelle recoupe un aspect qui n'est pas exclusivement américain, celui-là, qui attire les artistes vers des espaces désertiques. Il y a des raisons pratiques à cela : la disponibilité des espaces, leur absence de valeur pour tout usage productif. Mais comptent aussi la

▲ **Barbara Kruger (1945).**
Picture this (1998).
Béton et matériaux de construction.
Vue aérienne et vue depuis le bâtiment.
North Carolina Museum of Art, Raleigh, Caroline du Nord.

La lettre et le mot se font architecture.
On peut lire : « Fais-toi donc une image de ça ! ».

Claes Oldenbourg (1929).
Bicyclette ensevelie.
Acier, aluminium, fibre de verre peint à l'émail polyuréthane.
Quatre parties : roue : 16,50 m de long et 3,15 m de haut ; selle, guidon et pédalier : 7 m au plus haut.
Parc de la Villette, Paris.

L'objet porté à la dimension du monument, sur des pelouses parisiennes.
▼

◄ **Arman (1928).**
Long Term Parking (avril 1982).
58 voitures coulées dans du béton.
Hauteur : 18 m, poids : 2000 tonnes.
Collection Jean Hamon.

Totem pour un temps : l'accumulation élève la « bagnole » au rang de monument.

liberté de mouvement, la lisibilité du champ visuel ; et encore la puissance émotionnelle de paysages sans repères, constitués seulement de lointains, où rien ou presque ne sépare l'observateur de l'horizon sinon la pure étendue, devenue palpable. Ces tentations font parfois se rejoindre ces deux ordres esthétiques que distinguent le vieux Kant et notre tradition culturelle entre beau naturel et beau artistique. Le risque de pittoresque est une limite de l'usage du monde, qui oblige l'artiste à être toujours attentif au rôle qu'il joue, entre rival du Créateur de toutes choses ou mercenaire de la réhabilitation. Car souvent les artistes travaillent sur des friches, des terrains vagues. Quand le monde contemporain cède de l'espace public aux artistes, c'est sur des sites qui sont hors d'exploitation, ruinés par elle, économiquement inertes. La valeur esthétique croît souvent où rien d'autre ne pousse. Il en est ainsi dans les friches urbaines, souvent laissées en jachère aux artistes. Leur responsabilité est entière quand ils choisissent les terrains de leur intervention. Dès les années 70, une fois encore aux USA, le débat divise les artistes. Ont-ils un rôle écologique et économique de revalorisation de sites perdus ? Une préoccupation parallèle partage les artistes occidentaux, particulièrement en France où il y a peu d'alternative à l'investissement public et à la présence de l'État dans la vie artistique : faut-il travailler sur commande, quand l'attente sociale est préalable à l'œuvre ; ou travailler dans l'idée d'indépendance ? Avec en filigrane le double phantasme de l'artiste en parvenu ou en maudit !

Est-ce bien le rôle des artistes de modeler le paysage ? Paysage social ou géographique, aménager est-il de leur responsabilité ? Bien peu d'entre eux au fond choisissent l'utile au dépend de la non-fonctionnalité de l'œuvre d'art : en l'affirmant éphémère, réversible, ou en la situant dans un espace sans fonction prédéterminée. La juste échelle d'une œuvre n'est jamais seulement une échelle physique.

CHRISTO ET JEANNE-CLAUDE

L'habit du monde

L'empaquetage ou comment un geste ordinaire lorsqu'il est appliqué à l'objet devient une étrange attention lorsqu'elle est portée au paysage : histoire d'une très visible falaise cachée.

◀ **Christo et Jeanne-Claude (1935).**
Wrapped Coast
(La Côte empaquetée)
Little Bay, Sydney (1969).
92 kilomètres carrés de toile anti-érosion, 56,3 kilomètres de corde, 25 000 pitons et attaches.
2,4 kilomètres de la côte Pacifique sur une largeur comprise entre 46 et 250 mètres.
Installé pendant 10 semaines.

Le projet de Little Bay demeure, trente ans après, une réalisation d'exceptionnelle dimension. Christo et Jeanne-Claude se plaisent à la chiffrer : 92,9 kilomètres carrés de toile, 56,3 kilomètres de corde, 1 700 heures de travail pour 125 personnes dont 15 alpinistes : un chantier et des moyens considérables pour dix semaines d'empaquetage. Linceul ou tenue d'apparat : leur travail est la marque du rapport ambigu à l'espace naturel qu'entretient le monde moderne, envahissant même quand il se fait protecteur. L'empaquetage tout à la fois préserve et enferme : les grandes mailles de corde qui maintiennent les surfaces de toile forment la trame d'un filet qui enserre le relief, le quadrille d'un dessin géométrique – signe parmi tous de la main de l'homme. Mais aussi il apporte l'élégance apprêtée du drapé que la peinture classique a si souvent cherché à reproduire, faisant de la falaise un corps à recouvrir. Comme dans la plupart des empaquetages de Christo et Jeanne-Claude, la forme recouverte demeure très reconnaissable. La falaise de Little Bay est cachée et pourtant plus visible que jamais. Plus encore que la luminosité de la toile, c'est l'image du silence du paysage et la perte des mesures qui donnent leur dimension abstraite et hors du temps aux espaces transformés par l'intervention.

Portrait
Venu de Bulgarie à Paris après des études aux Beaux-Arts de Sofia et de Vienne, Christo est né en 1935, tout comme Jeanne-Claude. Ils travaillent ensemble et vivent à New York depuis 1964.

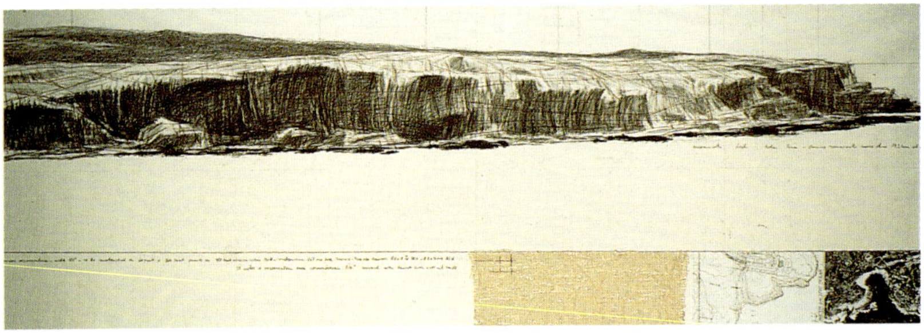

◀ **Christo et Jeanne-Claude**
Wrapped Coast, projet pour Little Bay, Sydney (1969). Dessin : 91 x 244 cm. Collection Jeanne-Claude Christo, New York.

l'œuvre à l'échelle de l'entreprise

Mais le travail ne se réduit pas au seul moment du chantier qu'est l'installation : de même que l'œuvre se prolonge bien au-delà de son existence physique par les documents photographiques, elle existe aussi avant, au travers de la préparation technique et administrative et de description graphique. À de semblables échelles de travail, avec les contraintes matérielles et la volonté de laisser aussi peu de trace que possible, l'aspect technique est important et complexe. Les matériaux et procédés de montage sont toujours très spécifiques : ainsi pour la *Wrapped Coast* les points de fixation sont empruntés aux montagnards, et le tissu de fibre synthétique aux activités agricoles.

Toutes les interventions d'importance demandent des compétences d'ingénieurs et de techniciens : le dialogue avec eux fait partie du projet, comme les relations avec les habitants et les négociations avec les autorités administratives. C'est là d'ailleurs une partie lourde du travail, de réunions, de dossiers, travail aux issues imprévisibles : vingt-quatre ans pour pouvoir empaqueter le Reichstag à Berlin et, s'ils finirent par draper le Pont-Neuf à Paris au terme de dix ans de travail, Christo et Jeanne-Claude n'ont toujours pas pu travailler sur les quelque trois cents arbres des Champs-Élysées.

Traçant une ligne de 39 kilomètres dans le paysage californien, *Running*

Christo sur le chantier de *Wrapped Coast* Little Bay, Sydney (1969). Photographie.
▼

Des dessins pour le marché
Le travail graphique de Christo, très descriptif, lui permet de cristalliser les idées, mais aussi d'assurer l'économie des projets par la vente des dessins préparatoires, collages, maquettes et autres planches. Christo et Jeanne-Claude se font forts d'être toujours indépendants dans le montage de leurs installations, fonctionnant plutôt comme une entreprise que comme artistes commandités.

Christo
et Jeanne-Claude
The Wall, Wrapped Roman Wall
(Le mur, mur romain empaqueté)
Rome (1974).
Hauteur : 17 x 350 m.

L'architecture aussi s'habille et transforme la ville en décor fantomatique. Le bâti semble attendre son dévoilement, sa réapparition sous un aspect nouveau.

Fence est une barrière paradoxale : sa fragilité contredit son autorité de mur, de frontière. Par empaquetage, par dispositif d'écran, ou encore par marquage, en dispersant des signes visuels (les 3 100 parasols disposés simultanément au Japon et aux États-Unis pour le projet *The Umbrellas (Les Parasols)*, 1984-1991), il s'agit toujours d'intervenir dans le paysage non par le moyen d'une appropriation autoritaire mais comme une intervention à la fois poétique et méditative, provisoire (deux semaines, idéalement, pour laisser l'intervention visible pendant deux week-ends aux spectateurs) dans sa réalisation mais respectueux du contexte : sur le plan écologique, bien sûr, mais aussi sur le plan historique voire politique, en particulier dans les interventions situées en ville, dans le paysage bâti.

Christo
et Jeanne-Claude
Running Fence
(Palissade)
Sonoma and Marin Counties, California (1972-1976).
5,5 m x 40 km.

Quatre ans de préparation, 200 000 m^2 de toile de nylon, 2 050 piquets d'acier de 6 m 50 de haut, 145 kms de câble d'acier pour que cette muraille fragile courre jusqu'à la mer.

cinq éléments et comment s'en saisir

Le territoire n'est pas le site de l'œuvre ; il en fait partie.
Walter de Maria.

Il n'est pas si facile de voir le *Lightning Field* de Walter de Maria. Non tant à cause de sa dimension : il mesure 1 kilomètre sur 1 mile (soit 1,6 km) et se trouve installé là depuis 1977 ; la difficulté tient à la localisation de l'œuvre comme à sa nature. Car pour y accéder, il aura fallu prendre rendez-vous, puis voyager en avion, en voiture, jusqu'à un point perdu du désert du Nouveau-Mexique, dans le sud des États-Unis, près de Quemado en Arizona. Déposé au milieu d'une grande plaine, auprès d'une maison où l'on passera la nuit, il faudra attendre le lendemain midi pour retourner vers le monde, avec comme seuls témoins le paysage et les quelque 400 poteaux métalliques luisants et effilés, d'une hauteur moyenne de 6 mètres, plantés en lignes régulières. Alors le *Lightning Field* devient un espace de contemplation artistique exceptionnel, suspendu à l'éventualité d'un événement qui fait la réputation de la région : la manifestation d'un éclair. On en compte une

▲
Walter De Maria (1935).
The Lightning Field (Le Champ de foudre)
Albuquerque, Nouveau-Mexique (1977).
4 000 mats d'acier poli répartis dans un rectangle de 1 km sur 1 mile et formant un plan horizontal.
La hauteur des mats varie de 4,50 à 8,15 m.
Dia Center for the Arts, New York.

La fureur du ciel sait se faire attendre, rendant sensible chaque instant présent, intense comme l'éclair.

Walter de Maria ►
The New York Earth Room (1977).
Terre, tourbe, écorce, 127 tonnes de terre occupant l'espace d'une galerie de plus de 300 m^2 sur une hauteur de 56 cm. Troisième version ; installation permanente. Dia Center for the Arts, New York.

Par son simple déplacement dans le lieu de l'exposition dans la ville, la terre révèle sa masse, sa densité. Son aspect très concret alors que l'espace inaccessible demeure abstrait permet l'évocation du paysage en intérieur.

La terre n'est pas là pour qu'on la regarde, mais pour qu'on y pense.
Walter de Maria.

trentaine par jour à la bonne saison. Agissant comme autant de paratonnerres, les poteaux offrent aussi un spectacle changeant dans la lumière du soleil : ils sont presque invisibles en plein jour, enflammés au crépuscule. La dimension du paysage, la tension de l'attente, la solitude requise, tout amène à un effet très fort, au contact des éléments de la nature, dans ce petit exil volontaire.

Dehors dedans : dans une galerie en étage en plein New York, 230 mètres cubes de terre occupent l'espace d'exposition, mettant en évidence par le déplacement en intérieur la puissance de la matière essentielle et banale qui fait la Terre : c'est l'*Earth Room*. Le souffle du sublime tourne autour de l'œuvre de Walter De Maria, l'un des premiers et influents artistes américains qui dès 1960 envisage de travailler directement avec la force des éléments, des espaces extérieurs et sur leur spectacle. La sculpture décidément n'est plus une question de forme mais bien plus de sensation éprouvée, d'expérience. Parce que celle-ci n'est rien si elle n'est pas perçue directement, physiquement, l'artiste est très exigeant sur les conditions d'accès et de reproduction de ses œuvres, et préfère s'entourer de silence.

Gardiennage
La galeriste Virginia Dawn facilita une première version du *Lightning Field* (1974, 35 poteaux) sur les terres du ranch d'un collectionneur. Depuis, c'est le Dia Center à New York qui veille sur l'œuvre comme sur d'autres installations durables, à New York ou ailleurs.

L'isolement est l'essence du Land Art.
Walter de Maria.

MICHAEL HEIZER

La terre entaillée

Puisque deux négations valent une affirmation, on reconnaîtra à *Double Negative* d'être une affirmation, et une affirmation de taille : le bulldozer et la forme produite par évidement font désormais partie de cette pratique dont le vieux nom est sculpture.

Au bout d'une piste caillouteuse et guère balisée d'une bonne dizaine de kilomètres après le baraquement de l'aéroport d'Overton, au bord de Mormon Mesa, se trouve depuis une trentaine d'années une œuvre qui appartient désormais à la collection du Musée d'art contemporain de Los Angeles. 457 mètres de long, 244 800 tonnes de rhyolite et de grès déplacées, les données chiffrées relèvent de la démesure, mais *Double Negative* n'a finalement rien de l'autorité du monument. Le travail par retrait et déplacement laisse en effet le vide comme centre de l'œuvre, un vide géologique. Vue d'avion, la sculpture apparaît comme une énorme empreinte géométrique, un trait de scie d'une échelle improbable. Le piéton, lui, dans la chaleur du désert, quand il est descendu au fond de la tranchée par l'une de ses extrémités en forme de rampe, s'imprègne d'une dimension qui est celle de l'architecture urbaine : les parois distantes de 9 mètres s'élèvent à près de 15 mètres de hauteur. Au-delà de la gorge, la rampe se prolonge en terrasses qui coupent la pente ravinée, dans l'axe de la formidable entaille, en surplomb de la vallée où serpente le ruban vert d'une rivière : terrasses constituées du rejet de la terre déplacée, qui forment le double positif des tranchées.

◀ **Michael Heizer (1944).**
Double Negative (1969). Déplacement de 244 800 tonnes de rhyolite et de grès. 457 mètres x 15 mètres au plus profond, 9 mètres de largeur. Mormon Mesa, Nevada, USA. Photographie de l'artiste depuis la tranchée nord.

Les tranchées ont simplement pour fonction de suggérer un volume ou de persuader de son existence.
Michael Heizer, 1969.

Portrait
Heizer a tout juste 26 ans quand il réalise ce coup de maître qu'est *Double Negative*. Il vit aujourd'hui dans le Nevada, loin de tout sauf de son œuvre : si, un peu provocant, il se présente parfois comme entrepreneur de travaux publics, c'est qu'il poursuit, en plus de son travail d'atelier, l'énorme chantier de sculptures-monuments « *Complex City* », ville-sculpture.

traces et trous : sculptures en dessous le sol

En somme, le paysage par lui-même n'intéresse guère Michael Heizer. Les lieux qu'il choisit ont des qualités désertiques car c'est le matériau brut du paysage qui le concerne, l'espace, et en aucun cas le pittoresque. C'est la possibilité d'y trouver de la masse, pour pouvoir s'y confronter, en particulier pour pouvoir la déplacer : voilà comment Heizer caractérise son projet de sculpteur. Non pas extraire la forme de rien, ni la trouver ou la constituer par assemblage, mais travailler à des déplacements qui permettent de faire apparaître la masse même de la matière, de la terre, la plus grande réserve de masse disponible qui soit. Le trou, l'évidement, sont des conquêtes formidables de la sculpture, qui n'est désormais plus cantonnée à l'espace aérien, mais traverse le plan formé par le sol, vers la profondeur qui s'étend au-delà de nos pieds. C'est pourtant comme surface pour faire du dessin à grande échelle que le sol du désert ou le fond asséché des lacs salés du Nevada l'attirent. Cercles tracés par le passage répété d'une moto, chaux et teintures traçant des figures qu'il désigne comme « primitives », puis des empreintes plus marquées : tous cependant subissent plus ou moins vite une dégradation que l'artiste suit en prenant des photographies. Lui qui affirme vouloir que ses

L'artiste est responsable de tout : de l'œuvre comme de l'usage qu'on en fait. On a suffisamment critiqué mon œuvre pour que j'aie pensé à la protéger, comme un chien enterre un os.
Michael Heizer, 1969.

Michael Heizer
Displaced/Replaced Mass 1 (1969).
Déplacement de 30 tonnes.
Granit et béton sur grève.
Les trois parties : 30 x 240 x 3 m.
▼

Michael Heizer
Displaced/Replaced Mass 2 (1969).
72 tonnes.
▼

Michael Heizer ▶
Five Conic Displacements
(1969, détérioré).
Déplacement de
153 tonnes de sol sur
le fond d'un lac asséché.
Coyote Dry Lake, Désert
Mohave, Californie.
244 x 4,5 x 1,3 m.

▲
Michael Heizer
Projet pour Conc Trail
(1968).
Plume sur papier,
66 x 85 cm.
Collection du Musée
d'Art Moderne de la
Ville de Paris.

œuvres ne lui survivent pas est attentif à leur érosion, puisqu'elle fait partie de la plupart des œuvres. *Five Conic Displacements (Cinq déplacements coniques)* par exemple est lié de multiples manières au temps, et même au temps qu'il fait, puisque leur nombre reprend celui d'une série de cinq tempêtes venues du Japon, cinq déplacements de pluie qui causèrent d'importantes inondations en Californie. Les cinq volumes excavés au fond du lac asséché se rempliront à leur tour, offrant un nouveau déplacement de masse. Car ses « sculptures négatives », comme Heizer lui-même les qualifie, se voient prolongées et développées par le temps, confirmant ainsi la volonté commune à nombre d'artistes de sa génération de produire un art qui échappe non seulement à la pérennité mais également au circuit marchand. Bientôt, cependant, c'est vers un travail plus proche de l'architecture qu'il se tourne, en aménageant *Complex I, II* et *III*, aujourd'hui toujours en construction.

Michael Heizer
Displaced/Replaced Mass 2 (1969).
43 tonnes.
Commandées à l'origine
par le collectionneur
Robert Scull, les trois
parties de l'œuvre
se trouvent aujourd'hui
à Silver Springs, dans
le Nevada.
▼

La photographie
Bien que Heizer se méfie de sa manière de réduire le point de vue sur la réalité physique de ses travaux, elle est devenue le moyen d'existence le plus concret de ces œuvres hors d'atteinte. Paradoxe, sans doute, que ces œuvres qui veulent résister à l'enfermement se réduisent à l'image photographique. Pour Heizer, pour les artistes du Land Art comme pour les Conceptuels, elle constitue avant tout une simple mais indispensable documentation.

◄ **Robert Smithson (1938-1973).**
Asphalt Rundown (Coulée d'asphalte)
Rome (1969).
Photographie de Robert Smithson.

Le poids de la matière à lui seul sculpte la matière. La gravité organise toutes choses, produisant une forme, même si elle est informe.

Outre qu'ils ont parcouru ensemble les déserts du sud de la Californie, Michael Heizer et Robert Smithson se voient un peu vite associés à cause de l'échelle de leurs réalisations. L'activité de Smithson a de multiples facettes : peintre d'abord, critique et théoricien, proche de la sculpture minimaliste et héraut de la pratique de l'« earthwork », littéralement « travail de la terre ». Mais là où un Heizer revendique un rapport très direct aux matériaux, Smithson développe des approches et des notions plus intellectuelles, philosophiques, politiques ou scientifiques.
Ainsi de l'entropie, notion que la physique utilise pour décrire l'inéluctable déperdition de l'énergie. Ainsi de la pesanteur, cette loi de la matière qui dicte son effet sur tous les corps : *Asphalt Rundown* (Rome, 1969) en est l'expérience directe : un camion à benne déverse son chargement de goudron sur un talus. La coulée qui en résulte est une sorte de sculpture rudimentaire et essentielle, une sculpture qui se fait – et se défait – d'elle-même, une action que la photo seule peut conserver. Voilà bien le genre d'expérience qui ne peut se réaliser que dans le monde ordinaire, celui des chantiers de construction, et non dans l'espace refermé du musée. Mieux : pour Smithson, le sculpteur ou plutôt l'*earth-*

Vous savez, un caillou bougeant de trente centimètres en deux millions d'années a de quoi entretenir mon enthousiasme. Mais certains d'entre nous doivent simuler le branle-bas, intensifier l'action. On doit parfois recourir à Bacchus. À l'excès, à la folie. À la fin du monde. Au massacre de masse. À l'écroulement des empires.
Robert Smithson, 1969.

Robert Smithson ►
Spiral Jetty (Digue en spirale)
Great Salt Lake, Utah (1970).
Rochers noirs, terre, cristaux de sel, eau rouge (algues) : 457 x 4,5 m.

Ephémère dans son projet, l'œuvre est devenue l'icône de l'art de Smithson et plus largement encore de l'esprit de l'*Earth Art* américain.

worker a un rôle dans le paysage industriel ; il peut intervenir pour requalifier, pour revaloriser les espaces abandonnés par l'industrie. Il a un rôle entre l'écologiste et l'industriel, une fonction publique. *Spiral Jetty* (1970) est implantée dans une zone ravagée par la frénésie des prospecteurs et des exploitations minières. Smithson fait déverser 6 783 tonnes de matériaux à partir de la berge d'un lac, qui constituent une jetée de 450 mètres de long en forme de spirale. La jetée aurait dû se dissoudre dans les eaux rouges du lac, mais elle offre une curieuse résistance, réémergeant régulièrement depuis lors, selon le niveau des eaux. Le travail de l'entropie est lent. Reste aujourd'hui, bien après la disparition de l'artiste, mort en 1973 dans un accident d'avion en préparant un autre projet, une image à la fois primitive et moderne du rapport au monde, au paysage.

Je ne pense pas, au plan artistique, qu'on soit plus libre dans le désert qu'à l'intérieur d'une pièce.
Robert Smithson, 1969.

▲
Hans Haacke (1936).
Sky Line (Ligne céleste)
Central park, New York (23 juin 1967).
Ballons gonflés à l'hélium et cordon.

Une ligne dans le ciel de la ville, un trait libre qui brille au soleil.

Akenaton (P. Castellin, 1948 et J. Torregrosa, 1949).
La Mémoire du feu
Action : Stefanaccia, Corse, face à la mer (1988).
Deux panneaux, résine de polyester.

Repeindre les arbres après le passage du feu : la main se réapproprie le paysage.
▼

◄ **Carl Andre (1935).**
Sans titre (1970).
Pièce éphémère : blocs de polystyrène (10 x 100 x 100 cm) alignés pour former un chemin.
Fondation Maeght, Saint-Paul-de-Vence.

« La route, c'est le modèle de mon idée de la sculpture » précise l'artiste. Comme la route, la sculpture d'éléments juxtaposés suit le relief, traçant une ligne, qui est tout à la fois « passage, mouvement, collision, frontière, support, lien, division... »

Images, signes, traces

« La nature est un temple où de vivants piliers/laissent parfois sortir de confuses paroles : l'homme y passe à travers des forêts de symboles qui l'observent avec des regards familiers. »
Le paysage est une page. Écrite, réécrite, c'est une page de parchemin, un palimpseste, une surface sensible à toutes sortes d'inscriptions, de marques. Certaines se passent de la main de l'homme, se font sans lui, comme les champs de fleurs ou l'architecture des cristaux. Mais d'autres portent ses signes, ses traces et sceaux. À force d'histoire, dans le grand musée qu'est l'Europe, dans les champs du Dorset avec leurs géants gravés, dans les grottes de Dordogne, et même sous les plus lointains horizons, dans le massif du Tibesti, sur le haut plateau désertique de Nazca, tout fait signe, tout est signe. Simple tracé, presque immatériel, vague gravure, il sait remonter le temps, bien mieux que les blockhaus ou les lignes Maginot : la peinture le sait bien, qui a cultivé au cours du siècle les bonheurs du signe et de la géométrie. À la nomenclature des figures (du simple cercle au polygone de fantaisie), elle a ajouté toutes les graphies, des écritures d'analphabètes aux alphabets numérisés. Mieux, la peinture est sortie du cadre pour recouvrir la nature. Le paysage absolu du tableau déborde : la figure n'a plus de site exclusif, ni de matériau spécifique. Pas plus que d'échelle. Le paysage est une page, et même une page quadrillée !

Les arpenteurs et les cartographes sont passés par là, laissant leur marquage, leur maillage. Bien peu de surface qui ne soit balisée, avec le pas de l'homme comme unité ; dessinée, quadrillée par la trame de la carte de géographie et par les tracés virtuels, cercles polaires, frontières humaines. Le

Michel Verjux (1956).
Dix verticales pour un horizon nocturne
Canal de Bourgogne, Pont Royal, Clamerey (1994).
Installation lumineuse : 10 tubes de lumière blanche hauts de 10 m disposés aux angles des plusieurs maisons sur un front de 300 m.
Commande publique, Fondation de France. ►

Les marques de lumière créent le paysage nocturne, dédoublé par l'eau du canal. Une brèche dans la nuit pour le voyageur.

◄ **Claire-Jeanne Jezéquel (1965).**
Contre (ré)forme
Installation dans le cloître de l'église Saint-Séverin (1998).
Contreplaqué, enduit : 3 x 310 x 55 cm.

La forme plane posée fait basculer le sol, et tout l'espace avec lui.

Felice Varini (1952). ►
Pavillon Suisse, exposition universelle de Séville (avril-septembre 1992).
Peinture acrylique.

La géométrie est une question de point de vue : le cercle est peint sur les éléments de l'architecture ; c'est le recul qui permet de reconstituer la figure.

cartographe fait signe de tout ce qu'il voit, alors que le voyageur navigue de signe à signal, et que l'explorateur poursuit au-delà des signes connus. Le rêve, qu'entretenait Jorge Luis Borges, d'une carte si exacte qu'elle recouvre le monde est presque notre réalité. Les artistes en manipulent et en utilisent souvent, pour préparer leur travail ou pour en rendre compte. Ils parcourent cet espace entre monde et carte, entre paysage et représentation. Leur vocabulaire de signes est souvent simple, recoupant plus ou moins délibérément les registres anciens, mythiques et légendaires, mais délestés d'une bonne part des significations que Baudelaire y voyait encore. Trop de signes, trop d'images, trop usés. Le cercle initiatique n'a plus le même crédit au siècle de l'information.

Du coup, les artistes du Land Art ont souvent recours à des signes simplifiés, comme ceux que l'art minimal a mis en avant : gestes usuels, géométries élémentaires, rythmes modulaires. C'est le lien le plus direct à une histoire de la sculpture proche, mais c'est un lien paradoxal : l'art minimal cherche souvent à neutraliser son environnement, son contexte, à faire effet par réduction des sensations et des signes. Les artistes à ciel ouvert tiennent évidement compte de l'environnement, même s'ils ont chacun leur manière de s'accaparer, ou au contraire de traverser sans avoir l'air de le remarquer, le site de leur œuvre. Le signe s'impose ou s'insère pour donner une vision du monde.

Les artistes désignés comme conceptuels partagent aussi un usage des signes, de l'inscription, et ont été souvent tentés par les espaces extérieurs. S'il y a loin entre le travail d'un conceptuel sur l'imaginaire du mot au labourage d'un artiste en plein air, ils se retrouvent sur un point qui importe en particulier au spectateur : c'est le rôle qu'ils accordent à la photographie. Ils s'en servent autant que les photographes mais ne tiennent pas à cette désignation. S'ils montrent le travail sous forme photographique, c'est comme un document plutôt que comme œuvre. Toute une esthétique de l'art contemporain s'y voit engagée : l'œuvre n'est pas dans l'objet présenté mais dans cette distance qui relie image, idée, et réalité territoriale ; un espace abstrait, pourrait-on dire si ce n'était pas un pléonasme.

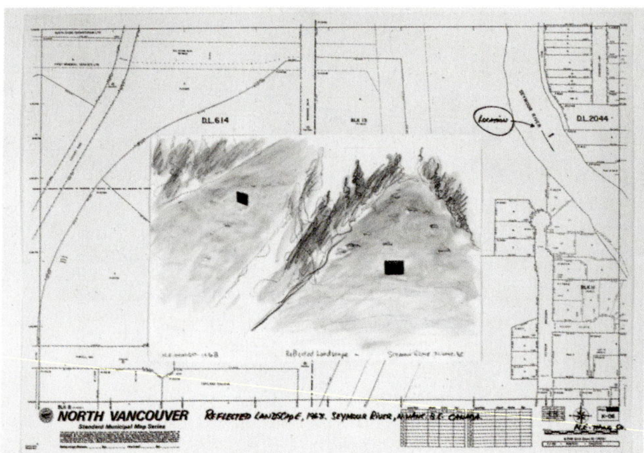
D.L.614
D.L.2044
Location
Reflected Landscape
NORTH VANCOUVER
Standard Municipal Map Series
REFLECTED LANDSCAPE, 1968. SEYMOUR RIVER, N.VAN. B.C. CANADA
N.E. Thing Co.

N.E. THING CO, Iain Baxter

Petits arrangements avec le paysage

Se promener en forêt avec la tête dans les nuages, ou comment un cliché peut en cacher un autre. Une carte annotée et une image sur un caisson lumineux… une image, vraiment ? Haut, bas, image, reflet, terre et ciel, c'est le point de vue qui fait le paysage.

◄ **N.E. Thing Co (Iain Baxter) (1936).**
Reflected Landscape (Paysage en réflexion) (1968).
Deux éléments :
– tirage cibachrome sur caisson lumineux : 54,3 x 64,3 x 21,5 centimètres ;
– carte, tirage au sel d'argent rehaussé à la main ; aquarelle et crayon sur papier : 96,2 x 91,1 centimètres.
Collection Art Gallery of Ontario, Toronto.

C'est un tout simple miroir qui provoque ici le raccourci d'espace : l'enchâssement, l'incrustation d'une image dans l'autre relève d'un dispositif techniquement rudimentaire. Mais il fait apparaître un aspect de l'expérience ordinaire du paysage : que celui-ci est toujours le fait d'une direction de regard unique, d'un arrêt, d'un cadrage. On fait face au paysage, il se tient devant nous. Devant ? Avec Baxter, justement, il se tient aussi derrière nous. Cette double vision par elle-même n'a rien d'exceptionnelle : elle est familière à l'automobiliste par exemple, mais cette manière de rétroviseur posé, lui, dans le lit de la rivière, ouvre tout à coup l'espace dans une double direction, faisant se rejoindre nuage et cours d'eau dans un télescopage singulier, dans un rabattement improbable. L'étrangeté de la photographie tient non seulement à ce que l'on y voit, mais aussi à la disparition de toute présence humaine, happée dans le pli de l'image. Bien sûr, cette absence s'explique très simplement, conséquence de l'angle mort laissé par le reflet du miroir. Mais elle souligne à son tour le rôle de celui qui regarde, mis ici dans une position si impossible qu'il ne lui reste plus en somme qu'à disparaître, à s'effacer pour laisser l'image à son évidence.

Portrait
Formé aux beaux-arts, un moment intéressé à la zoologie, c'est au Japon que Iain Baxter expose pour la première fois, en 1961. De Vancouver sur la côte ouest du Canada à la région de Toronto où il vit aujourd'hui, Iain Baxter n'a jamais séparé sa pratique d'artiste et celle de professeur dans les écoles d'art. Plus de trente cinq ans de travail d'artiste n'ont pas entamé son infatigable inventivité : ne se décrit-il pas lui-même comme « usine à idées » ?

la compagnie des images

N.E. Thing Co
Pumpkin (Potiron) (1968, planche assemblée en 1981). Tirage cibachrome, carte, encre et stylo feutre sur papier. 90,9 x 86,7 cm. Collection de l'artiste.

Le mot est la chose, la chose est son mot. Le calembour visuel atteint l'échelle du champ.

Raison sociale
Le ton est donné dès l'énoncé de la raison sociale de l'entreprise, aux statuts conformes au droit commercial : N.E. comme le Nord Est du géographe, mais aussi, pour l'oreille, *anything* qui signifie à la fois quelque chose, toute chose ou… n'importe quoi. Mais ce sont de bien réelles activités qui seront conduites sous le couvert de l'entreprise, projets artistiques, éditions, mais aussi restaurant, laboratoire de tirage photographique, production de ballets nautiques, soutien à une équipe de hockey sur glace junior…

La matière première de l'entreprise N.E. Thing Co, c'est le banal, l'ordinaire, l'évidence. Entreprise en effet, car c'est sous cette raison sociale et non sous son nom personnel que Baxter a longtemps travaillé, en association avec son épouse d'alors. Dans l'incroyable profusion d'idées et de projets énoncés depuis 1966, beaucoup ont à voir avec le paysage. Mais avec un regard qui ne doit rien au goût du pittoresque du touriste ! Tous les moyens sont bons pour faire apparaître ce qui se cache dans l'espace quotidien, dans les villes, dans les cours d'usine ou dans les jardins de pavillons de banlieue. L'appareil photo est un précieux complice de ce regard porté sur ce que l'on voit mais que l'on ne regarde pas. Baxter s'arrête sur des situations trouvées. Pince-sans-rire, il se joue du discours scientifique et commercial comme des pratiques des artistes conceptuels. Il est pourtant dans le droit fil de l'art conceptuel quand il entreprend de tracer dans un champ le mot potiron avec des potirons, ou qu'il invite des gens sélectionnés

N. E. Thing Co ▶
You are in the middle of a N.E.Thing Co landscape (Vous êtes au milieu d'un paysage N.E.Thing Co) (1997). Lettres autocollantes sur panneau : 110 x 80 cm. Collection Art Gallery of Ontario, Toronto.

Cette œuvre a été installée à l'occasion de l'exposition *Géographiques*, FRAC Corse, dans la cour de la Citadelle de Corte.

N.E. Thing Co ▶
Territorial Claim
(Revendication
territoriale) (1969).
Tirage photographique.
Collection de l'artiste.

Dans le grand nord canadien, par là où passe le cercle polaire, Baxter a souvent conduit des expéditions et fait des conquêtes décisives.

dans l'annuaire parce que leur nom de famille est un nom commun, et qu'il en fait bientôt des phrases, dans des scénographies bouffonnes. Calembours visuels, jeu avec les mots, actions dérisoires mais toujours pertinentes dans le rapport au paysage vécu : ainsi l'humain est pris entre son animalité et sa responsabilité politique au travers de *Territorial Claim*. C'est là en tout cas ce qu'explore Baxter depuis plus de trente ans, avec une attention toute particulière pour les espaces collectifs. Pastiche des pancartes de signalisation, les appropriations commerciales de paysage par panneaux interposés affirment que c'est le « regardeur » qui fait le paysage. La pancarte fait ce rappel incontestable et pragmatique : « Toi qui regardes, tu es toujours le centre du paysage. »

(...) C'est l'inconnu visuel qui lance un défi aux chercheurs de la N.E. Thing Co, qui cherchent à ajouter à la connaissance mondiale par une recherche exploratrice aux frontières de la théorie fondamentale et de la production d'objets. C'est bien cette contribution de la recherche au progrès de la N.E. Thing Co qui doit son origine à l'imagination, à l'audace intuitive, à la persévérance ainsi qu'à la connaissance technique.
Extrait du message du Président Baxter (1969).

la figure surgie du paysage

Giuseppe Penone est lui aussi à la recherche des figures qui se cachent au cœur du monde visible, des images masquées. En revanche, la photographie sert non pas de moyen d'exploration, mais permet de dresser les constats de ses expériences. Car l'image qu'il cherche, il la provoque, la forme, la moule, la sculpte. Convaincu que le paysage est chargé de signes qui restent à reconnaître, signes inscrits dans la mémoire des matières végétales et organiques autant que minérales, signes formés par les échanges entre la main de l'homme, du paysan, du bûcheron et le bois, la terre, l'eau. Il invente le paysage par le détail animé, par une patiente recherche de l'indice d'une trace humaine : s'il est lui aussi persuadé que c'est l'homme qui est nécessairement au centre du paysage, il en cherche, voire même il en fabrique, les marques, les empreintes, la figure, révélant cette présence souter-

Faire des sculptures (au sens habituel du mot) en bronze, j'ai quelques difficultés à le faire, mais pour me servir du bronze à la façon des plantes, cela ne pose pas de problème.
Giuseppe Penone, 1988.

▲ **Giuseppe Penone (1947).**
Pommes de terre (1977).
Document photographique de la réalisation, Garessio.

J'ai fait des pommes de terre anthropomorphes, à mon image. J'ai donné la forme au moment où les tubercules grossissaient, puis je les ai tirées en bronze.
Giuseppe Penone, 1988.

◀ **Giuseppe Penone**
Sentier de charme (1986).
Bronze et charme.
160 x 60 x 500 cm.

Œuvre installée dans le parc du Château de Kerguéhennec, Bignan.
Collection FRAC Bretagne.

Comme une synthèse du paysage, le geste végétal de la sculpture en bronze crée du vert, à partir de ses humeurs, de ses effluves.
Giuseppe Penone, 1984.

L'homme est incapable de comprendre quelque chose qui n'est pas semblable à lui.
Giuseppe Penone, 1988.

raine au travers d'un travail qui s'inspire du travail de la nature.
Les *Pommes de terre* provoquent cette rencontre entre l'humilité végétale du tubercule et l'effigie humaine. En dirigeant par moulage la croissance du légume, il provoque cette apparition. Ainsi nourrit-il une vision qui relève d'une forme très cultivée d'animisme païen. Il a situé le cœur de son travail d'artiste, en recourant à des techniques premières, tant celles du jardinier qui bêche et pioche qu'à celles, classiques, du sculpteur qui coule le bronze. Le théâtre de ces échanges invisibles demeure le paysage, l'espace naturel, que Penone, à la bêche plutôt qu'au bulldozer, laboure comme un imaginaire poétique, prophétique bien plus que nostalgique. Le vocabulaire bucolique de *Sentier de charme* ne célèbre pas tant le jardin d'un paradis perdu que le présent de la mémoire, et son avenir : et plus, le galet lancé dans le cours de l'eau, message d'avenir abandonné aux éléments.
L'Arte Povera, sensibilité qui réunit bon nombres d'artistes italiens des années 60 et auquel Penone est associé, a ainsi souvent cherché dans les espaces qui échappent à la culture savante et au poids de l'histoire des signes profonds du destin de l'homme. Mais Penone seul a cherché dans la vie et dans le travail de la campagne, mais aussi dans les lentes transformations des éléments naturels et de la poussée végétale les racines d'une véritable culture de l'existence.

Giuseppe Penone ►
Dérouler sa peau/pierre (1971).
Pierre gravée.
Document photographique de la réalisation.
Collection de l'artiste.

La main qui modela l'homme a laissé sur lui ses empreintes que l'air et l'eau comblent à tout changement de mouvement. Car l'air qui remplit les creux reconstitue la peau de qui fit le modèle. Quand quelqu'un touche un homme, sa peau tend alors à se mouler dans la forme du premier artisan. Tous ces négatifs gravés sur la peau permettent un nombre infini de positifs, aussi nombreux que les contacts avec la surface à venir.
Giuseppe Penone.

DENNIS OPPENHEIM

Signes du temps

Figure du langage par signaux de fumée des Indiens ou phénomène météorologique improbable, la spirale de Dennis Oppenheim est sculpture, sculpture sans sol, sculpture d'une heure.

L'artiste a choisi son lieu : le lac asséché El Mirage, au sud de la Californie. Mais cette forme n'est pas une illusion. La spirale est une figure symbolique puissante, mais de quoi est-elle chargée ici ? Est-elle message, emblème, motif décoratif ? L'artiste précise qu'il travaille souvent « à partir de cartes topographiques et de cartes aériennes, puis de la collecte de diverses informations météorologiques », qu'il emporte avec lui dans « l'atelier-monde ». La référence au phénomène naturel semble à sa place dans le ciel, en effet. Le titre confirme : *Whirlpool - Eye of the Storm*. Mais la réalité formelle de l'œuvre importe peut-être plus encore que sa singulière consistance. Elle est d'abord dessin : l'avion exécute le schéma d'un tourbillon, crachant un jet de fumée blanche, une vrille de plus d'un kilomètre de diamètre qui commence à se dissiper sitôt formée. Sans sol, sans socle, il est détaché de la gravité mais non du mouvement : celui de son tracé et de sa propre disparition. Il signale un axe du monde, mais un axe un peu tordu, un peu gauche, fragile. L'énorme volume ainsi construit, solidifié par la photographie qui l'empêche de tomber, détermine une cage virtuelle. Mais il appartient bien plus au temps qu'à la matière : une heure de présence, affirme l'artiste. C'est déjà long pour un mirage, mais court pour l'histoire de l'art.

Portrait
Le travail de Oppenheim depuis 1965 relève du Land Art mais aussi de l'art conceptuel, de l'art corporel et plus récemment touche à l'installation et à l'objet. Pour lui, la place de l'artiste demeure toujours à vérifier.

◀ **Dennis Oppenheim (1938).**
Whirlpool - Eye of the Storm (Tourbillon - Œil du cyclone) (1973).
El Mirage Dry Lake, Californie du Sud.
Avion, jet de fumée.
Durée : 1 heure.
Document de l'artiste.

Un avion trace le schéma d'un vortex de 1,2 sur 6,5 kilomètres au-dessus du lac asséché en lâchant un jet de fumée.

les grands dessins du monde

À ces blanches nuées, d'autres feront écho, de manière bien sonore, et en jaillissant du sol cette fois : en 1977, Oppenheim provoque une série d'explosions souterraines dont il photographie le souffle, puis les cratères ainsi formés. Plus proche de la sculpture pour cela, le travail relève toujours de cette fascination pour l'instant et pour les signes qui ne se matérialisent que dans l'événement de leur durée. Loin du pittoresque paysager, son approche de la nature, ni simple décor, ni salle de musée ambitieuse, n'a rien d'une confrontation directe et conquérante : c'est la réalité géographique qu'il cherche, une réalité qui combine la matérialité de l'espace et du monde vécu, mais aussi nos savoirs et nos représentations du monde. Il intervient dans le cours des choses naturelles sans hésiter à les interrompre, en laissant des marques sensibles, éphémères mais pas toujours instantanées. Le tracé, le passage, l'écran, Oppenheim travaille volontiers l'idée et la matérialisation de toutes sortes de lignes de délimitation, de seuils,

Il me semble que l'une des fonctions principales de l'engagement artistique est de repousser les limites de ce qui peut être fait et de montrer aux autres que l'art ne consiste pas seulement en la fabrication d'objets à placer dans des galeries ; qu'il peut exister, avec ce qui est situé en dehors de la galerie, un rapport artistique qu'il est précieux d'explorer.
Dennis Oppenheim, 1969.

Dennis Oppenheim ▶
Maze (Labyrinthe)
Whitewater, Wisconsin (1970).
Foin, paille, maïs, bétail : 150 x 305 m.
Document de l'artiste.

Schéma d'un labyrinthe de laboratoire tracé par des bottes de paille dans un pré. Du maïs est déposé sur un côté. Le bétail piétine dans le labyrinthe pour trouver son chemin vers les dépôts de nourriture.

Dennis Oppenheim ▶
Negative Board (1968)
St Francis, Maine.
Neige et sciure de bois.
profondeur : 90 cm,
longueur : 15 m.
Montage : photo n&b,
photo couleur, carte
avec tampon :
150 x 102 cm.

Ça a eu lieu
Beaucoup des œuvres de Denis Oppenheim prennent forme de documentation photographique. On y voit souvent des personnages en situation, et lui-même parfois. Les planches qu'il constitue pour donner à voir ses interventions associent souvent plusieurs types de documents et de points de vue qui relèvent de la « convention scientifique », dit l'artiste : une description photographique de la figure ou du signe produit, mais aussi une carte de situation au rôle paradoxal, puisqu'elle informe plus sur la vérité historique que sur une réalité topographique, sur le « ça a eu lieu » plus que sur le « c'est là ». Car « là », il n'y a plus rien à voir depuis longtemps.

de trajectoires. Ainsi des frontières politiques entre états, ou des tracés immatériels comme les fuseaux horaires qu'il fixe, si l'on peut dire, dans la neige, ou des courbes de niveaux de la carte qu'il reporte sur le sol, ou du plan d'une galerie ironiquement reconstitué à l'échelle. Il intervient volontiers au cours de phénomènes naturels (le gel, le flux de l'eau) ou dans les champs. Il utilise la moissonneuse pour dessiner dans la récolte jusqu'à la sacrifier. Sur le mode de l'expérience de laboratoire, avec *Maze,* il mène des vaches dans un labyrinthe qui rappelle les géométries mystérieuses des plateaux gravés de Nazca au Pérou.
Traits, marques, blessures : Oppenheim reportera bientôt ces mêmes gestes sur la surface de son corps, passant ainsi du Land au Body Art.

Il faut croire que l'art s'est éloigné de sa phase manuelle, et qu'il est désormais plus spéculatif, plus préoccupé du lieu où il placera son matériau. Ce qui fait qu'aujourd'hui, plutôt que de la réaliser, on doit visiter l'œuvre d'art ou l'abstraire à partir d'une photographie.
Dennis Oppenheim, 1969.

Ce n'est pas ce que vous faites qui importe, mais ce qui vous pousse à le faire.
Dennis Oppenheim.

◄ **Nancy Holt (1938).** *Sun Tunnels (Tunnels solaires)* (1973-1976). Diamètre extérieur : 3,72 m ; diamètre intérieur : 2,44 m. Détail : coucher du soleil, solstice d'été. Document de l'artiste.

Les viseurs géants sont traversés par le soleil levant pendant dix jours par an.

l'espace du temps qui passe

La démesure du site est le point de départ du projet de Nancy Holt des *Sun Tunnels*. Il y a près du morceau de désert qu'elle a acheté pour réaliser son œuvre l'un des seuls endroits, dit-elle, où on peut voir sur terre la courbure du globe. Nul repli pour se cacher ici en effet : il n'y a que ce sol plat et aride, et au loin les montagnes qui bordaient l'ancien lac. Les distances y paraissent inquantifiables à l'œil tant celui-ci manque de repère : car la vision du paysage est bien faite de mise en relation d'éléments. *Sun Tunnels* pose des jalons dans deux ordres vécus par l'individu, deux ordres aussi ordinaires qu'abstraits, mais que les lieux et leur immensité rendent très sensibles : le temps et l'espace. Le temps, mesuré par repérage avec le temps solaire ; l'espace, mesuré par les cadrages que les énormes objectifs de béton dessinent sur l'horizon.

Ici, le temps se fait présence physique. Nancy Holt, 1977.

▲
Nancy Holt
Sun tunnels
Great Basin Desert, Utah (1973-1976). Quatre tunnels de béton. Chaque alignement : 26 m. Document et collection de l'artiste.

L'artiste a acquis le terrain choisi pour disposer l'œuvre, sur ce sol aride, à quelques kilomètres du grand lac salé de Bonneville.

L'œil de la caméra
C'est avec l'œil du cinéaste que Nancy Holt s'est d'abord intéressée au Land Art. Elle participe aux repérages que font ensemble dans le sud de la Californie en 1968 Robert Smithson, son compagnon et Michael Heizer. Le film qu'elle fait alors à partir de leur travail lui ouvre des horizons : le principe du viseur fait écho au regard de l'objectif. Beaucoup de ses interventions en extérieur depuis les années 60 empruntent à ce principe.

L'observatoire rudimentaire et monumental marque quatre directions, quatre orientations – mais non les points cardinaux : en l'occurrence, elles ne sont pas repérées sur le Nord qui se trouve sur nos plans comme dans nos esprits, mais sur les angles d'apparition du soleil au moment des solstices, aux extrêmes de la déclinaison de son orbite. Alignés sur ces deux axes, les tubes de béton sont traversés par les rayons solaires. Mais avec près de deux mètres cinquante de diamètre, ils peuvent aussi être traversés par le visiteur qui s'en est approché : l'étendue sans repère se construit alors à partir du viseur que forme le tube. La dimension du dispositif a permis que le spectateur soit physiquement sensible à toutes ces échelles à la fois : l'étendue et la durée terrestre, mais aussi l'immensité cosmique rappelée par les découpes sur chacun des tunnels reproduisant la configuration de quatre grandes constellations.

COTOPAXI CIRCLE
A 12 DAY WALK IN ECUADOR 1998

RICHARD LONG

La géométrie à grands pas

Singulière perspective de voyage qu'ouvre la photographie : un désert de cailloux, chaos lunaire surveillé par un volcan couronné. Mais l'appel du lointain est barré : au premier plan, un cercle fait signe.

Impact de météore, aire de feu d'un campement abandonné ? Nul repère ici, de lieu, d'échelle, de temps, d'époque, ni même de saison. Les deux formes semblent superposées : la masse de la montagne, souveraine et ascendante ; le cirque de pierre qui dessine un paysage dans le paysage et forme un refuge. Ici au contraire l'œil est happé vers le bas, en tout cas vers le centre qui semble former un trou, attirant comme un vortex. Nulle échelle, sauf à créditer une main humaine de cet alignement ; nul repère, sauf la légende qui, elle, apporte plusieurs mesures de la situation : douze jours de marche en Équateur. Invitation ou déclaration, la présence humaine trouve en somme une explication : quelqu'un a passé par là, et rapporte cette image comme une proposition ambiguë. Le noir et blanc photographique contrarie la vision pittoresque : c'est bien plus un lieu mental, un paysage abstrait qui s'ouvre là. Aussi la figure de la géométrie paraît s'imposer devant le monument naturel, malgré les bien réels 5 897 mètres d'altitude du Cotopaxi. Le paysage traversé, vécu, interroge la place de celui qui y laisse une trace discrète, et de ceux qui regardent par son objectif, et par son expérience du lieu. La marche, la cueillette sont désormais aussi des outils du sculpteur, et le paysage en est le matériau.

Portrait
Long marche depuis ses premières œuvres en extérieur, en 1964, alors qu'il est encore étudiant aux Beaux Arts. Voyageur infatigable, il parcourt le monde d'exposition en expédition, mais il marche aussi près de chez lui, au Pays de Galles ou en Irlande.

◄ **Richard Long (1945).**
Cotopaxi Circle : a twelve day walk in Ecuador, 1998 (Cercle de Cotopaxi : une marche de douze jours en Équateur, 1998)
Photographie de Richard Long.

le cordeau de l'arpenteur

TIERRA DEL FUEGO CIRCLE
ALONG A SIX DAY WALK ARGENTINA 1997

◄ **Richard Long**
Tierra del Fuego Circle : along a six day walk, Argentina 1997 (Cercle de la Terre de Feu : une marche de six jours, Argentine 1997).
Photographie de Richard Long.

Le noir et blanc de la photographie, auquel Long est attaché, prolonge dans l'image le constraste des paysages choisis, souvent arides, secs ou froids.

Faire d'une simple pérégrination une sculpture n'est pas juste une affaire de décision, de fantaisie ou de volonté de l'artiste. Il faut accepter que ce qui fait la sculpture ne tient seulement ni à la forme, ni à l'objet. L'image y a un rôle puisque la sculpture se fabrique en quelque sorte entre le moment vécu par l'artiste et celui du spectateur, dans toutes ses étapes ou ses aspects. « Un bon travail, c'est la bonne chose, au bon endroit et au bon moment. Un carrefour », dit Long. Il partage avec les artistes conceptuels l'idée que l'œuvre tient, sans s'y réduire pour autant, dans un énoncé : ses légendes en témoignent. Mais elle tient aussi à des éléments parfaitement hétérogènes, qui vont de la science du topographe à l'énergie physique investie réellement par l'artiste, des réalités géologiques aux accidents et rencontres de parcours. La carte, à la fois support graphique et outil de navigation, permet de tracer sa route mais aussi de représenter le déplacement. La photo, elle, manifeste : beaucoup d'œuvres existent sous cette seule forme, avec les indications de lieu et de durée du parcours. L'appareil photo est d'ailleurs l'un des seuls

◄ **Richard Long**
Cercle de pierre (1980).
Onyx : diamètre : 340 cm.
Collection du FRAC Nord-Pas-de-Calais.

La surface de pierre blanche constitue un monde en soi, une cartographie…

MIRAGE
A LINE IN THE SAHARA 1988

▲
Richard Long
Mirage : a line in the Sahara (Mirage : une ligne au Sahara) (1988).
Photographie de Richard Long.

outils du sculpteur-randonneur, avec ses gants pour les manipulations de matériau et de la ficelle en guise de cordeau pour tracer les figures. Long propose aussi parfois un travail plus proche de la sculpture, quand il rapporte des matériaux (minéraux, bois flottés) empruntés aux réalités géographiques. Non qu'il se prenne pour un Petit Poucet à l'envers et qu'il récolte dans le paysage ses tonnes de pierres pour les redisposer dans la salle de musée. Il prend les matériaux là où on les trouve, sur les tas laissés au bord des routes ou dans les carrières : il ne prendra pas la responsabilité d'arracher à la nature ce qui lui appartient, mais ne se refuse pas pour autant aux gris subtils de l'ardoise, à la luminosité de l'onyx. Il les contraint simplement dans cette volonté de forme qui se fait cercle, ligne, rectangle. Mais tout peut retourner à son lieu d'origine : sculpter pour Long, c'est déplacer, juste un peu, mais non transformer.

Je préfère être un usager de la nature qu'un de ses exploiteurs.
Richard Long, 1987.

Mon travail, c'est l'antithèse de ce que l'on appelle le Land Art américain. (...) Marcher dans l'Himalaya... c'est une façon de toucher la terre avec plus de légèreté, et cela suppose un engagement personnel plus physique qu'un artiste qui planifie un grand « earthwork » réalisé ensuite par des bulldozers. J'admire l'esprit des Indiens d'Amérique plus que celui des « land-artistes ».
Richard Long, 1987.

à corps perdu

Autres figures abandonnées au paysage : les silhouettes de Ana Mendieta. On commençait à reconnaître son travail quand elle disparut, en 1985. Cette disparition fait un écho troublant au sentiment de menace, à la fragilité qui traverse cette œuvre inquiète. Son travail touche à la performance en plein air et met en scène, presque exclusivement, un corps en voie de disparition, en cours de s'abîmer dans les éléments ou déjà disparu en laissant une simple marque, une empreinte; c'est en particulier la série des *Silhouettes*, exécutées au long d'une période de six à sept ans. L'artiste prête parfois son propre corps à ses œuvres, ou bien elle en donne des représentations symboliques. Corps de peine, souvent féminisé, qui n'a de cesse de se mesurer au sol et aux éléments. Affaire de terre, d'eau, de pierre, de fleurs, de feu. Loin d'une vision dominatrice du paysage, plus masculine, Mendieta inscrit ses

▲
Ana Mendieta (1948-1985).
Sans titre (Volcan)
Silueta series
Iowa (1979).
Terre et poudre à fusil.
Document de l'artiste.

Une bouche de la terre, un sexe féminin : l'énergie vitale contenue devient flamme, dans un petit rituel qui tient du jeu.

Ce n'est pas pour contrôler, pour dominer, pour ériger des monuments qu'Ana se battait avec la terre. Elle recherchait l'intimité, des lieux de repli, des habitats protecteurs qui offrent un répit temporaire, un espace de confort et de méditation.
Nancy Spero, artiste.

◄ ◁ **Ana Mendieta**
Sans titre,
Silueta series
Pennsylvanie (1982).
Silhouette de pierres blanches.
Document de l'artiste.

L'évocation de figure humaine rappelle le schématisme des arts primitifs.

◄ **Ana Mendieta**
Ochum
Miami (1981).
Sculpture éphémère en sable.
Document de l'artiste.

Corps d'eau, fragile, mais traversé, habité : ici, plus que terrien, que terrestre, le corps est tellurique.

œuvres dans des espaces extérieurs sans qualité : clairière, talus, coin de berge, bord de plage. C'est le monde des éléments qu'elle rejoint, alors qu'elle ne montre jamais de paysage d'ensemble. L'acte humain est au centre de son travail, celui du modelage du sable des plages, du bouquet que l'on dispose près d'une stèle. L'aspect rudimentaire des moyens qu'elle se donne croise l'imaginaire du jeu d'enfant ou relève d'un primitivisme délibéré, quand elle dessine sur le sol, trace des contours et les remplit de feuilles, de pétales, sculpte la terre, le sable, creuse ou entasse. Ses moyens la rapprochent de pratiques anciennes et paraissent rejoindre des rites élémentaires, très païens, presque mortuaires. Corps inquiets : les nôtres, animaux nus. Ana Mendieta engage un rapport entre corps, intériorité, fragilité, tactilité qui a aussi fait reconnaitre son art d'un point de vue féministe.

La photo, l'œuvre
En prenant les clichés, l'artiste met le spectateur en position de témoin d'une action déjà passée, réduite à ses traces.
La photographie, art de mémoire, souligne cette dimension funèbre.
Pour l'artiste, elle est un document : l'œuvre est dans l'action.

Il n'est pas tant question d'un paradis perdu que du vide de cette terre originaire, orpheline et sans nom de baptême, et du temps par quoi elle nous toise. Il y a par-dessus tout une quête de l'origine.
Ana Mendieta, 1981.

◄ **François Morellet (1926).**
Géométreedimensions n° 2 (1989).
Poutre d'acier laquée : 500 x 75 x 75 cm.
Collection FRAC des Pays de Loire, Clisson.

Depuis, l'arbre est tombé. Et avec lui, la sculpture a disparu : la nature a finalement eu raison de l'ironie de l'œuvre.

Michel Blazy (1966). Rue du Rempart, Avignon. Nom latin : Sonchus Arvensis. Nom de famille : Composée. Nom vulgaire : Laiteron. Mode de vie : annuelle, bisannuelle ou vivace. Période de vie : juillet-novembre. Les fleurs se montrent au mois de juillet jusqu'au mois de septembre. Document pour le guide *Mauvaises herbes*, Promenade en Avignon, 1995.

« Les mauvaises herbes ont leur coin préféré ». L'artiste, attentif à la vie végétale, a pris le temps de les repérer pour en dresser un guide pratique et donner de judicieux conseils pour leur observation. ►

◄ **Elie Cristiani (1948).**
Appareillage de redressement et d'organisation paysagère.
Projet paru dans *Corse Matin - Nice Matin,* (printemps 1994).
Tracé au stylo feutre sur film transparent et montage photo : 21 x 29,7 cm.

À sa publication, ce projet d'orthodontie sur végétal a suscité de vives polémiques : c'était son but. Les arbres, eux, sont aujourd'hui plus penchés que jamais.

Jardiniers du monde

Le premier paysage, c'est un jardin : il est avant l'homme, pour l'accueillir, dans le scénario de la Création. Le paradis chrétien rejoint le paysage idéalisé de l'Arcadie, l'Éden des mythologies antiques peuplé de nymphes et de sérénité dans la poésie bucolique grecque et romaine. Surtout, il est le premier modèle du paysage, dans l'histoire de la représentation, sous la forme de l'*hortus conclusus*, le jardin clos, qui contient dans ses murs les éléments symboliques – au centre, l'arbre de la connaissance – pour rappeler le Paradis originaire, le jardin perdu mais qui reste à reconquérir, lieu d'une utopie du bonheur et de la plénitude. Il est alors un fragment de monde délimité autant par son mur d'enceinte que par le cadre de l'image du tableau. Car on ne saura exprimer l'étendue sans limites avant longtemps, avant que la perspective n'en donne les moyens techniques et que l'esprit s'y autorise.

Le jardin est une scène, un théâtre, et ses habitants y condensent toute l'activité humaine. Du coup, inventer un jardin, c'est inventer un monde, concevoir un univers, le tracer, organiser des espaces dans l'espace, construire une logique du regard, de la géométrie, de l'imaginaire et des hiérarchies sociales. Aussi l'histoire des jardins est-elle chargée des hypothèses intellectuelles de leur temps, et les artistes y ont leur place. Chaque moment du jardin contient son lot d'expériences et de sensations, s'organisant au gré de l'allée, du sentier, ou de l'itinéraire que tracent les pas. Le moindre chemin est un canevas et contient toutes les sensations dont le jardin est le catalogue. Le rêve moderne de l'œuvre d'art totale, qui saurait jouer sur tous les sens et combler toutes les attentes, y trouve un de ses modèles.

◄ **Jan Kopp (1972).**
Le Champ de coquelicots à Postdamer Platz (1994).
Réalisé en collaboration avec Richard Müller.
Graine de coquelicots sur 25 000 m^2 de terrain en friche au centre de Berlin. Les coquelicots fleurirent par endroits tout au long de l'été 94.

Sur l'emplacement du no man's land du Mur de Berlin, une zone longtemps traitée au désherbant, les fleurs font de la résistance, entretenant le souvenir là où un énorme chantier a fait disparaître toute trace.

Nils Udo (1937). ►
Maifloss (Radeau de mai) (1980).
Photographie.
Collection FRAC Bretagne.

La construction végétale flotte à la dérive sur les eaux d'un lac, entre deux eaux, fragile sculpture de la nature, dans la nature.

Paul-Armand Gette (1927). ►
Rubia peregrina L.
Étiquetage à l'occasion de l'exposition « Proposition paysagère », été 1994, Centre d'art du Crestet.

La tâche du botaniste se fait méditation sur le monde à partir du paysage quand il s'agit de nommer et d'indexer toutes choses du monde végétal, voire du paysage dans son entier.

Deux cultures du jardin s'opposent : le jardin à la française, à la Le Nôtre, conçu par son plan et son organisation d'ensemble, avec l'aide de la géométrie et de la maîtrise des choses végétales ; et le jardin à l'anglaise, moins guidé, qui accorde au hasard et à l'accident un rôle positif. Mais il faut compter aussi avec les cultures de l'Extrême-Orient qui ont renouvelé les vocabulaires jardiniers, ainsi que le modèle du parc d'attractions, Luna Park, jardin de Mickey, parcours édifiant pour les sciences et les techniques, qui renouvelle l'imaginaire du jardin sur un versant bien éloigné du songe naturaliste.

Pour les artistes, mêlés depuis longtemps à son histoire, le jardin est un territoire familier, mais qu'ils investissent de diverses manières. De la conception globale dictée par une commande institutionnelle à la parodie du geste horticole ou agricole de la création du jardin personnel à l'expérimentation botanique, voire à la simple promenade ou à la cueillette, tous les degrés de prise en charge sont de mise, prenant à revers dans tous les cas les contraintes de la salle d'exposition et du musée, puisqu'immanquablement lié à l'extérieur.

Le paysagiste Gilles Clément élargit l'idée du jardin à l'échelle du globe, dans une attention où écologie et poésie se mêlent indissociablement. Quant à Didier Courbot, jeune artiste formé lui aussi comme paysagiste, il développe le projet de faire œuvre du parcours d'un chemin. Alan Sonfist reconstitue la forêt originaire de l'Amérique sur une parcelle de jardin en plein New York, alors qu'en 1982, Agnès Denes faisait pousser un champ de blé en plein Manhattan, mettant la campagne à l'échelle du jardin public. Les Paul-Armand Gette, les Erik Samakh, écrit Guy Tortosa, « loin de reproduire les modèles académiques en matière de jardin, inventent d'une certaine façon dans notre époque, une nouvelle espèce de jardin », qui recoupe les modèles artistiques : jardins minimaux ou ready made, jardins déplacés, virtualisés. À la dimension de la planète ou d'une plante en pot, l'artiste se fait laboureur ou semeur, arroseur, planteur, botaniste, entomologiste, architecte, sociologue, voyeur, documentariste, collectionneur ; en somme toujours chercheur.

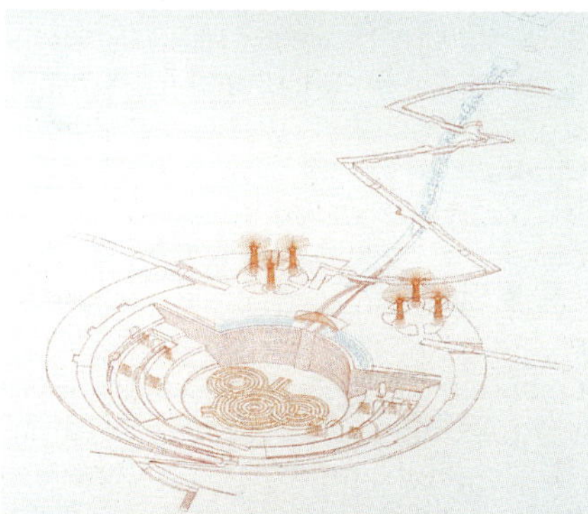

ROBERT IRWIN

Un jardin au compas

Et pourtant il s'agit bien d'un jardin de peintre ! Mais d'un peintre, il est vrai, qui a abandonné le tableau depuis longtemps pour travailler dans l'espace de l'architecture.

◀ **Robert Irwin (1928).**
The Central Garden (1997).
Photographie du jardin du J. Paul Getty Museum.

Vue générale avec le bâtiment de l'architecte Richard Meier.

◀ **Robert Irwin**
The Central Garden (1995).
Dessin en couleurs réalisation Spurlock Poirier Landscape Architects.
Crayon de couleur sur papier : 10 x 15 centimètres.
Commande du J. Paul Getty Center.

L'un des nombreux documents préparatoires.

Sur les hauteurs de Los Angeles, le projet a déjà fait couler de l'encre et des dollars quand Irwin remporte le concours. Le musée et le Centre de recherche J. Paul Getty ont choisi l'architecte Richard Meier, concepteur à la hauteur des ambitions du Centre, connu pour des réalisations récentes comme le Musée d'art contemporain de Barcelone. Irwin, lui, travaille depuis plus de vingt ans dans les sites les plus divers, sans craindre les contraintes conjoncturelles, et même en y puisant la force de ses propositions. Le site, en haut d'une colline face au Pacifique, ainsi que le bâtiment, très graphique, l'ont conduit à donner au jardin une structure forte qui en fait une sculpture : un amphithéâtre, un bassin presque circulaire, une scène avec un grand arc de mur en gradins, que l'eau coupe par son centre. Les terrasses, les passages, et surtout les plantations viennent confirmer la structure de dédale. Le centre est d'ailleurs occupé par une sculpture d'azalées qui dessine la géométrie d'un vrai labyrinthe, en blanc, rouge et rose. Le jardin s'accroche à la montagne et aux bâtiments par la ligne brisée qui accompagne le cours de l'eau jusqu'à la cascade. La vigueur du tracé rencontre celle de l'architecture : le dialogue peut s'établir, les espaces se compléter et le visiteur traverser un espace sans rupture brutale entre intérieur et extérieur.

Portrait
Ce californien de près de 70 ans est depuis longtemps radical dans ses choix. Il se détourne de la peinture expressionniste abstraite à la fin des années 50, se sert de la lumière comme matériau, et quitte l'atelier pour travailler sur site. Car son travail d'artiste commence par une analyse des lieux. L'œuvre est une réponse à cette lecture.

l'œuvre à la vitesse de l'arbre

S'il a depuis longtemps renoncé à recourir aux seuls matériaux propres à l'art, Irwin s'intéresse en particulier à la végétation, à ses qualités de couleur et de matière, à sa plasticité. Parlant des platanes destinés à pousser dans des structures étudiées puis soigneusement taillés, Irwin déclare, enthousiaste : « si nous parvenons à les amener à la forme que j'ai prévue, ce sera quelque chose que l'on viendra voir de loin ! ». Et ce sont quelque 500 espèces végétales différentes qui ont été nécessaires pour répondre au projet de Irwin en Californie : pas forcément les plus rares, non, mais celles dont la couleur, la vivacité, la texture une fois plantées, le rythme de développement ou l'odeur, permettent au jardin de se transformer et de croître sans jamais paraître en jachère. L'artiste a prévu le renouvellement sur dix ans, et prévoit 200 espèces supplémentaires. « Puisque le Getty se donne les moyens d'avoir et d'entretenir un jardin extravagant », l'artiste continue à sélectionner des espèces avec les horticulteurs du Centre mais aussi chez lui, à San Diego à deux heures en direction du Sud. Au final, malgré la rigidité graphique du lieu, malgré l'aspect remarquable du site, le visiteur est dans un espace qui ne s'impose pas, ni visuellement, ni physiquement, même s'il est très dense. Les commandes de ce genre sont rarement confiées à des artistes, au profit d'architectes paysagistes : la maîtrise d'un tel projet demande une expérience que Robert Irwin a acquis depuis 1975 en mettant en chantier près de 50 interventions qu'il nomme des projets sur site. Sa position d'artiste lui

Si la lumière est un médium et si l'espace est un médium, alors on peut dire que l'univers est un médium. Je sais bien qu'il n'est pas immédiatement praticable pour autant, mais quand je dis que le médium c'est l'univers, que le monde peut-être même est une forme de l'art, alors le jardinage de notre univers ou la conscience que l'on en a dirait le niveau de notre participation à l'art… C'est pour cette raison que j'ai aussi d'autres activités.
Robert Irwin.

◀ **Robert Irwin**
The Central Garden
(détails).
J. Paul Getty Museum.

Hauteur, volume, forme, croissance, chaque espèce végétale intervient comme éléments de composition, laissant le regard pénétrer par transparence un espace sans ligne de fuite.

donne une très grande liberté de moyens selon les situations, du « monumental à l'éphémère, de l'agressif au doux, de l'utilitaire à l'inutile, sculptural, architectural, simplement en plantant un arbre ou même parfois en ne faisant rien du tout », précise-t-il. Sa mesure est la perception du spectateur, qu'il essaie toujours de guider sans l'enfermer, avec des matières, des structures, des transparences : le peintre n'est jamais loin. L'ambition d'une pensée globale de l'espace, comme on y parvient sans doute plus facilement à l'échelle du tableau, est ce qui rattache son travail à une idée d'un art de pure sensation qu'il reconnaît chez Malevitch, le peintre russe des années 20. Son approche est toujours faite d'un long temps d'observation et d'analyse, pour travailler à l'intérieur ou directement dans le paysage bâti. Bien loin du Land Art ou de l'Earth Art, il ne part pas à la conquête de territoires nouveaux, mais cherche à rendre sensible l'espace vécu, à la ville, au musée comme au jardin.

▲
Robert Irwin
Nine spaces, nine trees
(1983).
Bacs en ciment, pruniers, écrans de toile métallique bleue. Neuf chambres de 6,70 m de côté.
Public Safety Building Plaza, Seattle.

Le labyrinthe est protecteur ici : le corps y est à l'abri alors que le regard n'est pas enfermé.

▲ **Jean-Pierre Raynaud (1939).** *1 000 pots bétonnés peints pour une serre ancienne* (1986). Collection FRAC Bretagne.

Ce lieu ancien possède une mémoire, des formes identiques l'occupèrent. Comment finalement être fidèle sans nostalgie aucune et apporter sa culture contemporaine. Jean-Pierre Raynaud.

sculpture en terre, en serre, en pot

L'œuvre de Jean-Pierre Raynaud tient dans ses décisions d'il y a longtemps, qui l'ont conduit à élire quelques objets tirés de l'environnement familier pour en faire des éléments à la fois très chargés de sens mais aux formes évidentes. Tels sont ces *Psycho-objets*, des compositions dont la portée symbolique et surtout psychologique est très forte, soulignée par l'usage de couleurs primaires. De l'objet à l'environnement, de l'environnement à l'architecture, les projets de Raynaud ont une portée émotionnelle et affirment leur force avec leur échelle. Le carreau de céramique fera partie de ce vocabulaire, principe unifiant de son œuvre-maison, et de beaucoup d'autres interventions. Mais surtout, ses premiers pots de fleurs peints et pleins datent de 1962, au tout début de sa carrière. Raynaud ne cache pas la familiarité qu'il a avec ces objets, lui qui a entrepris des études d'horticul-

▲
Jean-Pierre Raynaud
Pot or (1989).
Collection de l'artiste.

Le pot prend la place des fleurs, massif d'or sur la pelouse, objet dense et imposant. Mais sa riche apparence lui retire son poids.

Autour de cette maison ruinée et inhabitable, qui me convenait tout à fait après avoir démoli La Maison, je me suis attaqué à l'espace jardin, à la nature, et j'ai commencé à défricher, à planter des bambous, à lui donner un sens. Le jardin, ce n'est pas un travail, cela fait partie des choses que j'aime, et je n'arrive pas à être dans un endroit sans intervenir dans l'espace, sans m'investir poétiquement, sans rêver sur l'espace. Quand je suis en train de m'occuper ici, j'ai l'impression que j'irrigue mon cerveau, que je pense mieux l'art. Au fond, pour moi être artiste, c'est rêver dans le chaos, dans ce monde détraqué. D'ici, je suis au balcon du monde, pris entre la nature et l'urbain.
Jean-Pierre Raynaud, 1997.

ture. Mais c'est un vrai renoncement à cette activité que de s'en servir à la manière Raynaud, en rendant impossible sa fonction première de contenant. Raynaud trouve bien de quoi faire avec eux, en les déplaçant dans des lieux, à des échelles et dans des matériaux très différents. Proposés comme à l'étal du marchand, alignés en grand nombre, mis sur socle, ils sont toujours recouverts de couleur. Rouge, il en aligne 4 000 à Londres en 1971. Fluo, leur présence se prolonge la nuit venue. Or, ils deviennent de curieux bijoux disproportionnés. L'un d'entre eux a eu un itinéraire extraordinaire avant de se poser sur le parvis du Centre Pompidou à Paris. En quittant la banlieue parisienne, il s'est promené à Berlin, suspendu au bout d'une gigantesque grue, puis s'est posé dans la Cité interdite à Pékin. La serre du château de Kerguéhennec, alors à l'abandon, lui a permis de redoubler l'effet de silence des *Pots*. La nature est derrière la verrière, à l'abri du travail de l'homme et de sa violence. Raynaud travaille ainsi aux points de contacts entre mondes antagoniques, entre le chaud et le froid.

IAN HAMILTON FINLAY

Le jardin cultivé

Aux confins de l'Écosse et de la littérature se tient un royaume un peu étrange, un jardin où poussent des références classiques et des essences banales.

◀ **Ian Hamilton Finlay (1925).**
Lochan Eck
Little Sparta,
Stonypath, Écosse.

Une quarantaine de signes et de monuments sont dispersés dans les différents espaces du jardin-domaine.

Le maître des lieux a un jardin très cultivé, mais il est vrai qu'il y travaille depuis plus de trente ans. Sa culture picturale est un fertilisant précieux, surtout celle qui concerne la peinture de paysage du XVIIe siècle français. Il en retient la rigueur et le sens de la composition qui permettent d'organiser le désordre végétal du jardin anglais. Délibérément néo-classique, Finlay entend construire un espace maîtrisé, construit comme une sculpture, tenu comme une mise en pages. Il y dispose donc des petits monuments érigés ici et là. Chacun constitue un moment pour la méditation, le recueillement du visiteur et relève d'une attitude vis-à-vis du monde en invoquant des modèles dont l'histoire est chargée. Ici, chaque point de vue contient un tableau, et chaque tableau contient une morale.
« L'inscription ne paraît pas à sa place dans le jardin moderne, elle contrevient à notre façon de tout séculariser parce qu'elle suggère un ordre hiérarchique du monde », regrette l'artiste. Lui, au contraire, les multiplie : au hasard de la déambulation dans *Little Sparta*, on rencontre ici un cadran solaire, là une épigraphe énigmatique, une sentence (« Hâte-toi lentement »), une référence. Plus loin, un fragment de colonne néo-classique semble émerger des eaux sombres, alors qu'incongru, un sous-marin sort d'une plate-bande. Un socle, un banc, tout fait signe ici.

Portrait
Ian Hamilton Finlay est retourné à son jardin en 1967, alors qu'il était surtout actif jusque-là comme poète, dans la veine de la poésie concrète. Il vit dans son Écosse natale, mais a déposé dans plusieurs jardins-musée d'Europe des extensions de son domaine, quelques stèles sur des arbres et expose parfois des sculptures dans des salles de musées.

avec nostalgie, contre son temps

Un jardin de mauvaises herbes, c'est l'indolence justifiée.
Ian Hamilton Finlay, 1985.

Avançons plus loin ; une stèle est gravée aux noms de Poussin et de Lorrain, qui soumirent la vision du monde à l'ordre de la composition classique dans leur peinture. Caspar David Friedrich les rejoint bientôt dans le panthéon personnel de l'artiste où se croisent encore (à Stonypath ou dans des œuvres installées dans divers musées ou jardins de sculpture comme le musée Kröller-Müller en Hollande) Jean-Jacques Rousseau et Jean-Baptiste Corot, Dürer et le peintre paysagiste suisse Ferdinand Hodler. Une mangeoire à oiseaux a pris la forme d'un navire de guerre. Sous un arbuste, une pierre dressée porte ce poème sonore : Song wind wood/wind song wood/wood wind song (Chant vent bois/vent chant bois/bois vent chant). Le poète Finlay n'est jamais loin, faisant du mot un objet et de chaque massif une allégorie. De même sa fascination pour les figures de l'Antiquité romaine, pour les divinités de la mythologie grecque comme pour les figures de la Révolution française qui parfois même se rejoignent :

▲
Ian Hamilton Finlay
« The present order is the disorder of the future », Saint Just, Little Sparta (1983). Pierre, réalisé en collaboration avec Nicholas Sloan.

Poète d'abord, Finlay conçoit mais ne tient pas à faire le sculpteur. Quand il s'agit de graver la pierre ou de planter la stèle, il travaille avec un autre artiste ou un artisan, qui réalisent des sculptures qu'ensuite ils signent ensemble.

Ian Hamilton Finlay ►
Nuclear Sail
(Voile nucléaire)
(1974).
Ardoise, réalisé
en collaboration avec
John Andrew.

Étrange apparition au bord de l'eau du lac : une tourelle de sous-marin, allusion ambiguë à la puissance destructrice de l'homme. Le jardin, refuge ou champ de bataille ?

Apollon et Saint-Just ont parfois la même apparence, mais ce sont bien des paroles du révolutionnaire qu'on lit sur l'énorme stèle brisée : « The present order is the disorder of the future » (L'ordre d'aujourd'hui est le désordre de demain). Finlay lit dans la Révolution française un moment où les valeurs de la Rome antique, y compris les valeurs conquérantes, se retrouvent. Mais pour conduire au chaos qui lui paraît être le sort du monde contemporain. Le nom même du domaine de l'artiste, *Little Sparta*, donne corps à sa nostalgie ambiguë pour la dure société des Spartiates, les ennemis de la démocratie athénienne qui fondaient leur société sur l'exploitation des plus pauvres. Le jardin sert à cultiver l'image de héros et de figures mythiques, comme autant de points de repères pour lutter contre la crise de sécularisation du monde d'aujourd'hui, où «tout est ramené sur le même plan de trivialité, même l'art du jardin. Très délibérément politiquement incorrect, Finlay a causé des controverses en Angleterre comme en France : où est la limite entre provocation et liberté de pensée, fut-elle paradoxale ? Au nom de l'art, peut-on prendre position contre la pensée de son temps ? Le jardin en tout cas montre là son potentiel symbolique et expressif, bien au-delà d'une simple vision bucolique.

◄ **Ian Hamilton Finlay**
Cinq colonnes pour le musée Kröller-Müller : Rousseau (1980-1982).
Collection du musée Kröller-Müller, Otterlo, Pays-Bas.

Un socle pour arbre : Le Jean-Jacques Rousseau des *Rêveries du Promeneur solitaire*, vient compléter par son nom l'hommage à l'énergie botanique.

Une pelouse, ce n'est jamais seulement de l'herbe coupée.
Ian Hamilton Finlay, 1985.

l'ordinaire potager

L'attitude jardinière des artistes suisses Peter Fischli et David Weiss est à l'opposé de l'idée de jardin d'art. Non qu'ils ignorent les traditions et les charges symboliques que le jardin cristallise au travers de l'histoire : comme Finlay, ils connaissent les projets de jardins commémoratifs, de jardin-mémorial à forte charge cul-

▲
Peter Fischli (1952) et David Weiss (1946).
Garten (Jardin),
conçu et réalisé dans le cadre de Skulpturen Projekte 97, Münster. (22 juin-28 septembre 1997).

turelle. Ils savent bien aussi qu'un jardin d'agrément répond toujours à un ordre, à un désordre, à une maîtrise, qu'elle soit autoritaire ou cachée. Mais leur regard sur le monde porte bien plus vers les pratiques de l'ordinaire, que leur travail consiste à faire apparaître précisément dans leur banalité, sans exagération ni emphase. Aussi, leur référence en matière de jardin est bien plus du côté du potager, de cette extension du travail de la ferme laissé en général aux femmes de paysans comme comble de l'utilité et de l'esprit de survie. Leur attention méticuleuse aux choses ordinaires leur fait concevoir et exécuter par de vrais jardiniers un jardin potager qui n'a rien en somme de particulier. Prévu pour pouvoir nourrir une famille de douze personnes, il associe légumes, fruits et fleurs, avec juste un peu plus d'exubérance qu'il n'est strictement nécessaire. Microcosme complet, avec remise à outils, banc pour le repos, serres et compost, tout ou presque ici accepte les contraintes de la productivité, sans négliger les précautions écologiques : toute une série de considérations qui forment elles aussi un

Peter Fischli et David Weiss
Fleurs (1998).
Impression couleur à jet d'encre.

La simple superposition met le monde dans un désordre de kaléidoscope. Cette jungle est au fond du jardin, pour qui sait voir. ►

ordre dans le projet de jardin, mais qui ne relèvent en rien de quelque idée d'art que ce soit, ni même de la moindre intention de cet ordre. Présenté dans le cadre d'une exposition de sculpture, le jardin n'a pour autant rien d'autre à dévoiler que ses qualités de jardin. En donnant le seul spectacle de la productivité potagère, Fischli et Weiss demandent à leurs visiteurs de regarder un objet non-artistique comme un objet esthétique, et de retrouver ainsi au sein de la vision sur le monde ordinaire la puissance de fascination qu'ils ont pour le monde tel qu'il est, d'entretenir le regard fasciné sur la réalité, en l'occurrence la réalité végétale du potager, sur le rougissement des tomates ou sur ce qu'il y a de précieux et d'utile à un beau parterre de laitues.

Clichés superposés
Le jardin est le sujet d'une série de photographies qui vient troubler le regard trop facile sur le charme des fleurs. Systématisant l'accident que tout un chacun a pu connaître en prenant deux clichés superposés, ils proposent une vision très malmenée des grâces de la nature, par carambolage d'images. Le pittoresque se fait étrangeté par une maladresse volontaire.

Refabriquer le quotidien
Peter Fischli et David Weiss travaillent en duo et depuis plus de vingt ans à contre-courant de la culture savante, sur le monde du quotidien qu'ils savent prélever sans complaisance et surtout avec une énergie à la fois critique et amusée. Ils montrent des objets ordinaires qu'ils refabriquent avec beaucoup d'application, procédant à l'inverse du *ready-made*. Ils sont aussi très attentifs au paysage quotidien, photographiant au cours de leurs déplacements des endroits sans qualité (les pistes d'aéroports par exemple), qu'ils parviennent à faire apparaître comme des icônes.

◄ **Michael Heizer (1944).**
Complex I
Garden Valley, Centre Est du Nevada (1972-1974). Béton armé et terre compactée : 7 x 43 x 34 m. Collection Dia Center for the Arts.

Au cœur d'une plaine désertique mais isolé sur deux côtés par des rampes qui cachent l'horizon, *Complex I* impose sa silhouette : sous certains aspects, l'œuvre évoque les pyramides égyptiennes ou mexicaines. Mais elle demeure une sculpture dont la dimension vise à « créer une atmosphère », dit l'artiste.

◄ **Jean Dubuffet (1901-1985).**
Closerie et villa Falbala.
Fondation Jean Dubuffet à Périgny sur Yerres, Val de Marne (1971-1976). Jardin : dalle de béton et béton projeté sur armature métallique (1610 m^2) ; closerie : résine de polyester sur charpente métallique, mousses expansées (20 x 15 x 8 m). L'ensemble est recouvert de peinture polyuréthane.

L'architecture ne doit rien à la géométrie de la ligne droite : c'est plus une expansion du labyrinthe visuel qu'est l'*Hourloupe,* le vocabulaire de Dubuffet en peinture. Loin du fonctionnalisme de l'habitation, l'architecture-sculpture paraît presque organique ; elle concentre l'espace autour d'elle.

L'architecture des idées

On s'attend à trouver l'artiste dans son œuvre. Et s'il était dans son idée ? On s'attend à trouver l'architecte dans son bâtiment. Et s'il était dans son plan ? Le partage des tâches entre l'un et l'autre est une histoire à épisodes, surtout dans les périodes de redéfinition culturelle. L'architecte se débat dans son double rôle, entre entrepreneur et créateur, mais l'héritage culturel occidental lui accorde volontiers sa place du côté de l'idée, voire de l'idéal. L'on range au rang des architectes, et des plus grands, certains qui doivent leur reconnaissance presque exclusivement à des projets, non à des constructions. On pense à Boullée, bien sûr, architecte contemporain de la Révolution française, dont l'œuvre la plus marquante consiste en plans ou maquettes. On y pense d'autant plus quand on en trouve des échos chez des artistes, dans les carnets de dessins d'un Hugues Reip, par exemple, et peut-être même dans les constructions de James Turrell, dans son volcan.

L'idée en architecture joue sur les échelles, et se projette sur des dimensions qui ne sont plus celles du bâti. L'image du Grand Architecte de l'univers et créateur de toutes choses demeure une image, mais qui est presque devenue une réalité : le monde est un grand bâtiment. Les avant-gardes ont pu rêver sur ce thème, chez les constructivistes russes comme au Bauhaus, ce lieu d'enseignement et de conjugaison entre art et architecture actif dans les années vingt en Allemagne. Une fois encore, notre paysage est largement construit, envahi par l'expansion d'une architecture ininterrompue. Le paysage de la ville inspire les peintres du début du siècle, les cubistes parisiens par exemple, et demeure d'une ambition sans égal comparée à la sculpture. Sauf que plus aucune échelle ne fait peur à ceux-ci.

▲
Hughes Reip
Lignes (sur la route) (1994).
Installation : éléments d'échafaudage.
Hauteur : 10 mètres.
Deux édifices semblables, visibles à distance depuis la route de Besançon à Belfort.

La ligne constitue l'ossature d'une architecture possible et strictement graphique.

Vito Acconci (1940).
House of cars (Maison d'automobiles) (1983).
Épaves automobiles, peinture, acier :
3,40 x 12 x 1,80 m.
▼

Une structure intérieure et des escaliers entre étages, des équipements étudiés : économie du précaire et aménagement de fortune pour une sculpture à expérimenter comme singulière idée du *home*, d'une intimité de la maison.

◄ **Andy Goldsworthy (1956).**
Sans titre
Parc des sculptures sur l'île de Vassivière (1992).
Murs de pierres sèches formant deux boucles dont une immergée.
Chaque boucle :
diamètre : 15 m,
hauteur : 1,60 m.

Une architecture rêvée, réalisée selon les techniques traditionnelles, dirige d'étranges circulations dans le paysage, faisant des passages entre les éléments.

En tout cas, plus même que la relation au temps, à l'idée ou à la distance gardée vis-à-vis de la nature, c'est sans doute par rapport à l'architecture et à tout ce qui à voir avec le travail du bâtisseur que se séparent le plus radicalement le Earth Art des Américains et le Land Art des Anglais : ce dernier touche à l'arrangement plutôt qu'à la construction, alors que les Américains cherchent la confrontation. Smithson enterre une maison (*Partially Burried Woodshed*, 1970) ou plutôt fait peser sur elle jusqu'à la rupture de son toit le poids du sol, défi imposé par la masse de la matière à l'édifice fait de main d'homme. Les constructions de Heizer (*Complex I* et *II*) par leur échelle et leurs modes d'édification appartiennent à l'architecture – à leur radicale non-fonctionnalité près, ce qui n'est pas rien. Il ne cache pas ses références au construit, à la pyramide égyptienne ou à l'architecture maya ; ou encore, par les techniques et le traitement du béton, à la construction de son époque.

Il en va tout autrement des démarches d'artistes qui choisissent le bâti comme mode de développement de la forme, qui se nourrissent de l'enthousiasme de la construction. L'architecture, à la fois comme modèle de travail et comme enjeu par rapport au réel, attire l'artiste, contribuant à dépasser l'antagonisme entre les deux domaines. La sculpture abstraite dès le début du siècle a ouvert la voie aux réalisations actuelles à l'échelle de la ville. Libres de la part sociale et économique du travail des architectes, elles sont surtout libres de leur matériau, de leur durée, quand elles dépassent le stade de la maquette. Souvent glissée dans les interstices de la ville, l'œuvre d'art « attire l'attention sur les failles », dit Dan Graham : c'est l'une des raisons de sa durée souvent éphémère, puisque l'œuvre ne sert qu'à révéler, pas à réparer. Et il s'agit « d'attirer l'attention sur les failles » en utilisant le vocabulaire de l'architecture, qui appartient à la culture publique, et non à la culture parfois savante du musée. Ou bien, comme le propose Richard Nonas, parce que l'œuvre d'art est parfois quelque chose que l'on habite, elle permet de mesurer plus facilement l'importance qu'elle a pour soi-même par rapport à l'idée qu'on se fait de sa maison. *Les Demeures* d'Etienne-Martin, hybride entre le manteau et la maison, rejoignent cette rêverie, à côté des abris de Dubuffet, côté jardin, alors que les artistes américains cultivent plutôt le côté rue.

TADASHI KAWAMATA

Architectures de fortune

◀ **Tadashi Kawamata (1953).**
Projet pour le béguinage Sainte-Élisabeth, Courtrai (Belgique, octobre 1989-janvier 1990).
110 x 85 x 13,71 mètres.
Kanaal Art Foundation.

Coursive de planches dans la ruelle privée du béguinage. Installation provisoire.

Un village dans la ville, lové sur une ruelle médiévale close, hors de tout, fermé au monde, aux visiteurs et au temps qui passe. Kawamata ouvre le passage et nous offre le Moyen Âge à portée d'échafaudage.

Au cœur de la ville médiévale existe un quartier encore isolé, dans lequel vivent quelques femmes, devenues bien vieilles. Ce sont les dernières Béguines, religieuses soumises à la vie de couvent mais qui n'ont pas prononcé leurs vœux. Leurs maisonnettes, leurs jardinets, leur ruelle, tout est hors du temps, conservé presque intact du XIVe siècle. Invité à travailler dans la ville, Kawamata repère vite ce morceau de territoire oublié, lui qui intervient toujours sur des sites chargés de vécu, sur des traces de l'histoire en train de s'effacer et autres lieux de mémoire. À Courtrai, la mémoire est vive : personne ne crut que ce couvent construit en 1241 et fermé aux hommes depuis toujours allait ainsi s'ouvrir. C'était sans compter sur l'acharnement de l'artiste qui affirme que les travaux d'approche, de recherche, de contact et d'échange sont partie intégrante de ses œuvres. Il réussit à se faire ouvrir la ruelle et y construire, sous le regard amusé des habitantes, la passerelle-coursive en planches de récupération qui reliait les maisonnettes à la rue. Bien peu en virent la construction puisque le droit d'entrer était réservé à l'artiste, mais la presse régionale, les discussions de voisinage révélèrent à certaines générations d'habitants la proximité des ancrages dans l'histoire. Il paraît que cette agitation fut plutôt du goût des recluses.

Portrait
Formé à la peinture à Tokyo, Kawamata apprend l'architecture au fur et à mesure de ses projets, souvent au contact des gens avec qui il travaille. Plus de cinquante réalisations, une centaine d'installations, dont plusieurs en France, à Tours, à Paris, à Nancy.

▲
Tadashi Kawamata
Projet pour le béguinage Sainte-Élisabeth (détails)

◀ **Tadashi Kawamata**
The Destroyed Church (L'Église détruite),
à l'occasion de la Documenta 8, Kassel, Allemagne (mars-septembre 1987).

L'église effondrée est parcourue par un mouvement vital qui consacre la ruine, plus qu'il ne la répare.

déconstruction provisoire

Je suis « entre », je préfère ce jugement flottant, je suis entre l'architecture et la sculpture ou l'environnement; récemment j'ai déclaré que j'étais juste un activiste.
Tadashi Kawamata, 1994.

Construire, pour Kawamata, c'est utiliser l'espace non pour l'habiter physiquement, mais pour l'occuper mentalement. Chaque ville porte des signes, des blessures, des histoires qui lui sont propres. Quand il arrive sur le lieu d'une invitation, l'artiste s'imprègne et trouve des ancrages dans le paysage de la ville, en parlant, en lisant, en enquêtant parfois. Le projet part d'une réalité : bâtiment, espace, pratique spécifique. Ainsi des échafaudages des charpentiers parisiens, dans les hauts étages, qui le fascinent : il a le projet d'en construire un, avec eux bien sûr, puisque les gens rencontrés font partie du projet. Comme là-bas au Brésil, avec les habitants des favelas qui, de par leurs rudes conditions de vie, possèdent la connaissance des matériaux, de leur emploi et de leur réemploi. Il tient à rencontrer, au sein des équipes qui se constituent, des cultures autres que la sienne.

La construction et la destruction sont comme un cercle, comme un temps circulaire qui induit une certaine idée d'entropie. Si vous utilisez quelque chose, vous détruisez autre chose. Et quand je commence un chantier, j'ai déjà intégré le principe de la destruction. Je prends et je restitue, c'est une circularité, un cycle des matériaux, de l'énergie.
Tadashi Kawamata, 1994.

Tadashi Kawamata ►
Transfert, Saché, Atelier Calder (octobre 1994).

Vue partielle de l'exposition : la passerelle forme un parcours entre deux espaces de la résidence d'artiste, que le public était invité à emprunter. « Le fait de traverser était l'œuvre elle-même », précise-t-il.

Aujourd'hui, être « entre-deux » reste une sorte de position, un mode d'être qui correspond à beaucoup de situations sociales dans le monde. Il ne s'agit pas seulement d'art, mais d'un phénomène plus profond, et beaucoup de gens, heureusement ou malheureusement, doivent être « entre-deux », à un moment où personne ne peut saisir un état stable du monde, social, économique, politique.
Tadashi Kawamata, 1994.

Leur pensée, leur mémoire collective lui apparaît comme autant d'architectures – précaires comme les siennes. Les bâtiments en ruine portent souvent une histoire : l'église de Kassel, bombardée et jamais reconstruite, est recouverte d'un tourbillon de planches qui l'animent, sans que l'on sache s'il s'agit d'un projet de réparation ou de démolition. Les œuvres sont des monuments à la mémoire, parfois énormes mais toujours provisoires et fragiles, comme l'est la ville de Tokyo. Parallèlement, Kawamata produit des sculptures en carton récupéré qu'il abandonne à leur destin, dans les grandes villes. Architectures minuscules, démunies, elles évoquent le dénuement des sans-domiciles, formes ambiguës nichées dans la réalité des rues. Car le paysage selon Kawamata est aussi bien social que bâti.

◄ **Tadashi Kawamata**
Field Works (Travaux des champs), Hanovre (novembre 1997). Interventions dans la ville à l'occasion d'une exposition au Sprengel Museum.

Châteaux précaires inspirés par la nécessité, Kawamata abandonne ses sculptures à la rue.

anar-chitecture et ré-invention

Formé à l'architecture, Gordon Matta-Clark se met à penser de travers. Pourquoi l'architecture ne servirait-elle qu'à produire des formes nouvelles, ou du moins neuves ? Il fait de l'architecture sur des constructions existantes. Il pense autrement au rôle des fenêtres, des portes. À la nécessité fonctionnelle, il substitue une logique de la figure géométrique, de la lumière et de la vue. Et de la liberté. Figure active dans un groupe d'artistes dont faisait aussi partie la musicienne Laurie Anderson, Matta-Clark, avant sa disparition à 35 ans, multiplie les activités et les actions artistiques. Il anime un restaurant, expose des photographies de chantiers de démolition avec leurs palettes de papiers peints, achète pour 25 dollars pièce des parcelles revendues par la ville, des espaces résiduels parfois inaccessibles. Il fait des actions, des films, des dessins. Ses observations sur la ville prennent forme de chantier de découpe appliquée aux murs d'immeuble ou de maison souvent promis à la démolition. Au vernissage de *Splitting*, dans la banlieue new-yorkaise, ceux qui ont circulé dans la maison rapportent l'étrangeté de la découpe, qui révèle la fragilité de l'ensemble, et l'effet de la traversée de la lumière si inhabituelle qu'elle en devenait inquiétante.

En déconstruisant, je romps une situation de clôture qui est préconditionnée, au-delà des nécessités pratiques, par la société industrielle qui, dans les villes et les banlieues, fait proliférer des petites boîtes pour rassurer un consommateur passif et isolé.
Gordon Matta-Clark, 1977.

Gordon Matta-Clark (1943-1978).
Splitting (Clivage) (1974).
Photographie montée sur panneau : 102 x 153 cm.
Collection Yvon Lambert, Paris.

La maison est un matériau que l'artiste coupe comme un corps pour une autopsie, révélant sa fragilité d'enveloppe.
▼

Gordon Matta-Clark
Splitting (1974).
Détails : vues intérieures.
Photomontage sur panneau : 100 x 72 cm.
▼

▲
Melvin Charney (1935).
Les Maisons de la rue Sherbrooke,
installation en acier : bois, béton : 15 x 16,5 x 14,5 m. Installé en juin-juillet 1976 ; commande du programme Art et Culture de la XXIe Olympiade, Montréal.

Pour Les Maisons de la rue Sherbrooke, *l'intention était de dégager une mentalité urbaine imbriquée dans les traces les plus familières de la volonté collective. L'insertion de cette pièce déplaçait des couches du visible vers d'autres couches plus sédimentaires qui soutiennent les fondements des rapports urbains.* Melvin Charney, 1995.

Melvin Charney travaille aussi sur la ville déjà bâtie, dans une attitude qui ne répète pas celle de l'architecte mais la complète, la prolonge ou la remet en cause. À partir d'observations sur les réalités historiques des lieux, Charney réactive la mémoire des paysages construits : une part de son travail de recherche et d'analyse se retrouve dans des dessins et des études qu'il expose, mais surtout, il intervient directement dans la rue, proposant des constructions qui sont à mi-chemin entre architecture et sculpture. Par reconstitution, en image puis à l'échelle de la rue, l'artiste restitue des repères disparus, travaillant à une archéologie de l'architecture ordinaire. *Les Maisons de la rue Sherbrooke* sont situées au centre de la ville de Montréal. Reconstitution conçue comme un vrai décor de cinéma et dessinée par principe de symétrie architecturale, l'intervention a occupé l'espace, requalifiant le paysage urbain et en soulignant le rôle de la rue et la mémoire du site.

DAN GRAHAM

L'architecture réfléchie

Le pont supérieur des bateaux (et New York est bien un port !) donne parfois une sensation semblable : une fois à l'intérieur du pavillon de verre, au sixième étage du Dia Center, le visiteur flotte sur la ville, au milieu des reflets, dans un silence singulier.

Le toit de l'immeuble, comme souvent à New York, est une terrasse qui couvre toute la surface du bâtiment. Au centre, une plate-forme est posée : un plancher la recouvre, à un peu moins d'un mètre du sol. Des parois vitrées en font le tour, la fermant sauf au regard qui la traverse. Au centre, un volume cylindrique, qui reprend le volume des traditionnels réservoirs d'eau pour la lutte contre les incendies qui surplombent tant de toits de la ville : autre cage de verre, mais ses surfaces sont partiellement réfléchissantes, faisant se superposer les images. Rien ne recouvre cette construction, la laissant ouverte sur le ciel. Un petit escalier permet de pénétrer dans le cube, et une ouverture d'aller jusqu'à l'intérieur du cylindre. Ce déplacement fait jouer plusieurs registres de sensations. L'ouïe, car au centre du cercle, les bruits de la ville sont comme effacés : un silence un peu sourd y règne ; et surtout le regard, pris entre transparence et reflets. On voit tout à la fois l'édifice lui-même et le paysage urbain tout autour, mais aussi les multiples reflets que produisent les parois vitrées, renvoyant les images de l'extérieur sur l'intérieur et réciproquement ; renvoyant aussi l'image du « regardeur » en superposition avec le ciel, les nuages, les horizons construits, formant un labyrinthe pour l'œil.

◄ **Dan Graham (1942).** *Rooftop Urban Park Project Two-Way Mirror Cylinder Inside Cube (Projet de parc urbain sur toit – Cylindre en miroir double-face dans un cube).* Hauteur : 2,60 mètres ; chaque côté : 11 mètres. Installation sur le toit du Dia Center for the Arts, New York (1981-1991), inauguré en septembre 1991. Vue générale et détail.

Portrait
C'est en s'occupant un moment d'une galerie à New York que Dan Graham commence à réfléchir sur les conditions de présentation des œuvres, leur perception. Travaux conceptuels, films, performances, il travaille sur la relation de l'œuvre au spectateur. Depuis 1980, les différents *Pavillons* permettent de préciser ces expériences, entre sculpture et architecture. Sa première exposition personnelle eut lieu en 1969.

la ville pour voir et se voir

Ces jeux du regard et de l'image sont au centre du travail de Graham. En s'emparant des matériaux et des formes de l'architecture moderne et des volumes simplifiés de l'art minimal, les œuvres jouent entre espace public et espace intime faisant apparaître, dans la multiplicité des images, des manières de voir, et de se voir. On ne s'étonnera pas qu'il se soit aussi intéressé au cinéma et à la vidéo. Avec leurs parois transparentes ou semi-

◀ **Dan Graham**
Pavillon/Sculpture for Argonne (1981).
Miroir à deux faces, verre et acier : 2,5 x 5 x 5 m.
National Laboratory, Illinois.
Collection of Argonne.

Le miroir, c'est aussi un moyen de réintroduire l'image, mais d'une manière tout à fait opposée à la perspective issue de la Renaissance.
Dan Graham.

J'utilise le verre depuis longtemps. Et les miroirs double-face qui me font penser à ces immeubles de bureaux, tout en verre, très hauts, que les architectes du Bauhaus sont venus construire aux Etats Unis après guerre. On utilise le verre pour donner une impression de transparence et d'ouverture à ces immeubles qui sont souvent le siège de très grandes sociétés. Le verre avec sa transparence est conforme à l'idée de démocratie. Evidemment, le passant ne peut voir que les étages inférieurs, le bas de l'échelle sociale, car les cadres sont logés dans les étages supérieurs, avec une vue vertigineuse sur le ciel et sur les immeubles des sociétés concurrentes.
Dan Graham, 1987.

réfléchissantes, les sculptures sont aussi des observatoires, où fonctionnent des chambres noires photographiques. Elles renouvellent et prolongent cette situation banale qu'il y a à se surprendre dans une vitrine en marchant dans une rue. Bien au-delà de la seule expérience narcissique cependant, Dan Graham voudrait contribuer à la conscience des conditionnements de la perception par les cadres de vie que nous imposent l'architecture, la culture, l'économie. Aussi préfère-t-il souvent les espaces ouverts et publics, souvent moins définis d'avance que les espaces intérieurs, en particulier les galeries d'art. S'il touche à des préoccupations analytiques et critiques, l'artiste veille à ce que les questions qui l'occupent soient ancrées très physiquement dans l'expérience qu'en a le spectateur. La forme sans équiva-

Dan Graham ▶
Two Adjacent Pavilions (Deux pavillons adjacents) (1978-1981).
Volumes pénétrables.
Miroirs transparents, acier : chacun 251 x 186 x 186 cm.
Première installation à l'occasion de l'exposition Documenta 7, Kassel en 1982.

lent de ses pavillons, à mi-chemin entre architecture et sculpture, constitue l'un des moyens d'en faire la vérification. Ce ne sont pas pour autant de simples outils, des instruments de laboratoire : il y a toujours une part laissée libre à la sensation, un revers de liberté poétique. L'artiste laisse au visiteur la possibilité d'inventer des attitudes, de jouer. Ses pavillons retrouvent là la fonction de la folie, du kiosque, du pavillon de jardin de l'architecture classique. Bien sûr, l'artiste connaît bien le château de Versailles et l'organisation visuelle sophistiquée qu'il propose. Pourtant, quand il pense galerie des Glaces, il pense aussi à celle de la fête foraine, avec ses miroirs déformants : une part de jeu, une autre façon de se confronter à l'image de soi.

La hutte rustique, le belvédère du XIXe siècle, le pavillon temporaire d'exposition conçu par de Stijl ou quelque autre architecte moderne, l'abribus, c'est tout cela les antécédents de Two Adjacent Pavilions.
Dan Graham, 1986.

Dan Graham ▶
Two Adjacent Pavilions (1978-1981).
Installés dans le parc du musée Kröller-Müller, Otterlo.

balisage à l'œil

▲
Daniel Buren (1938).
Photo-souvenir : Reflétée-miroitée, cabane éclatée pour une fontaine.
Musée de Mito (Japon) à l'occasion de l'exposition « La transparence de la lumière » (1996).

Dedans, dehors, à s'y perdre. La cabane est un capteur, un témoin de l'espace. Presque habitable, elle habite l'espace à son tour.

La série des *Cabanes éclatées* de Buren ne laisse pas de côté l'élément de vocabulaire fondamental qu'est la rayure verticale, au contraire : elle met en évidence sa fonction comme opérateur pour le regard, comme outil visuel, dans ces dispositifs qualifiés par l'artiste de « grands dessins explosés ». Buren en a proposé près de trente interprétations, toutes différentes bien sûr puisque toutes appuyées sur les éléments de l'environnement : c'est le sens même de l'idée de travail *in situ*. Le projet de chaque cabane – échelle, couleur, tracé et placement des surfaces découpées et projetées – est dans un lien d'étroite dépendance avec l'espace. Si les premières cabanes se servaient des matériaux de la peinture (la toile et le châssis, détournés de leurs strictes fonctions initiales), elles entretiennent un rapport à l'architecture dès leur origine, puisque l'idée provient d'un principe appliqué par l'architecte Mies van der Rohe. Mais certaines font appel à des matériaux en dur : en particulier

« Toucher » à l'architecture d'un lieu c'est toucher à son sens, son histoire..., c'est indiquer beaucoup de choses de l'esprit du lieu qui ne sont pas uniquement reliées au formel. L'esprit du lieu implique le côté vivant, les personnes qui l'habitent, qui le font fonctionner et cet aspect temporel et humain n'est pas sans conséquence.
Daniel Buren, 1998.

▲
Daniel Buren
Photo-souvenir :
Sit down
15 bancs dans
le parc de sculptures.
(détail).
Storm King Art
Center, Mountainville,
USA (1998).

Le volume minimaliste accepte la fonction de banc, et agit comme une mire dans la végétation.

des surfaces de miroir qui introduisent par le reflet un nouveau rapport à l'environnement. Ainsi la cabane éclatée faite dans le patio du musée de Mito le temps d'une exposition crée un tissu de relation extérieur-intérieur visuellement complexe et vertigineux, un effet que l'image (la photo-souvenir, dit l'artiste) accuse encore. La forme intérieure du cube constitue d'autant plus un espace de repli que l'architecture du musée qui l'environne, due à Arata Isozaki, est très heurtée. La lumière qui se reflète sur la cabane trace de nouvelles lignes sur le sol et les façades. Enfin, c'est surtout avec la fontaine monumentale, élément dynamique du lieu, que joue la cabane, dialoguant avec le paysage, ici réduit à la vision minérale de l'architecte. S'il est vrai que l'œuvre de Buren est née dans les villes, sur les murs et les placards d'affichage, il lui arrive d'intervenir dans l'espace naturel, comme dans ce parc. Une nouvelle fois, il y propose un renversement, un retournement, puisque les sculptures ont ici fonction de banc : les rayures qui les habillent servent d'outil à regarder, et non d'objet de contemplation.

Le où et le comment
Intervention, *art-in-response*, Land Art, art contextuel… les œuvres contemporaines ne cessent de se poser la question de leur besoin de relations avec le reste du monde, ou au contraire de leur autonomie. Qu'il s'agisse des conditions de production, pour l'artiste, ou des conditions de réception, pour le spectateur, l'œuvre d'art est comprise comme un processus, plus seulement comme un objet. *In situ*, dans le lieu, dans un temps : Buren travaille, lui, exclusivement à la commande.

Peter Downsborough (1940).
UNITÉ -DE LA-
33 boulevard de la Liberté, Rennes (1992).
Commande de la ville.

Le mot se lit avec le mur : contradiction visuelle. Du coup, la lettre ébranle le bloc du bâtiment. ▶

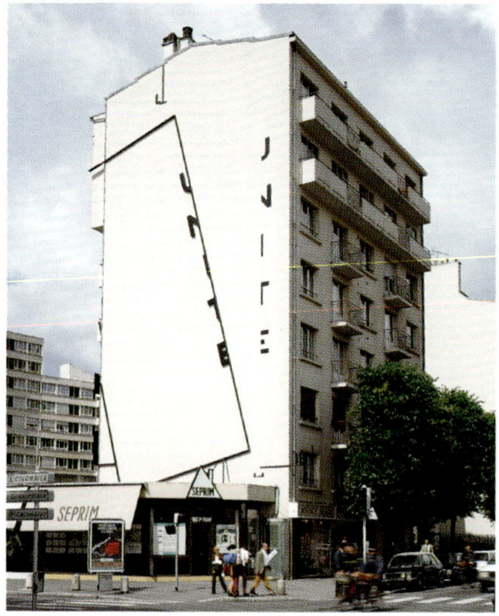

◀ **Barbara Kruger (1945).**
Don't be a jerk (Ne sois pas idiot !)
Melbourne, Australie (1996).
Affiche sur panneau.

Le langage n'est pas celui du stéréotype publicitaire : l'apostrophe interroge le passant, le consommateur potentiel.

Anne Deleporte (1960).
Winning Icon (Icône gagnante)
Installation, vitrine du New Museum, New-York (1996).
Photographie : impression scanachrome sur PVC : 2,50 x 3,50 m ; badigeon au blanc d'Espagne. ▶

La vitrine transformée en écran : quand on le déchire, une végétation inquiétante menace la rue.

La ville écran

La ville et la rue, à elles deux, mènent un double jeu : tout à la fois elles montrent et cachent. Dehors, on s'affiche et on affiche. Dedans, on mène ses affaires, on vit privé. Caché, tapis, l'intime habite le ventre de l'architecture, pendant que d'autres mondes s'activent. Ainsi des lieux collectifs, gares, réseaux souterrains, cinémas et cafés. La rue, elle, est un théâtre où vous et moi, individus, mais aussi la société tout entière se donne en représentation, sous ses aspects triomphants ou d'autres moins avouables. Le regard moderne s'y est intéressé, avec la rue pavoisée de Monet (*La Rue Montorgueil*, 1878) et les visions des futuristes italiens. L'imaginaire de la ville est ainsi peuplé de formes, de symboles et d'images. C'est un espace de projection : celle des attributs du pouvoir et de l'autorité; celle de la rhétorique de la société marchande, et du grand magasin. Mais aussi celle du grand musée. La ville est miroir, révélant ses zones d'ombre, ses faiblesses. Œuvre sans auteur, la mégalopole enfante des gens qui passent, des foules et des solitaires, des gens sans lieux et des lieux sans raison. Elle enfante parfois des monstres et met des Godzilla sur les écrans. Le territoire urbain se construit aussi en se cassant, en laissant des ruines et des terrains vagues.

Une mémoire, toute une archéologie se constituent cependant puisque la ville se nourrit aussi de sa propre image et des flux emmagasinés et diffusés pour alimenter la machine médiatique. Le monde s'habille d'une doublure d'images : les caméras de surveillance, dont se sont servis nombre d'artistes (Dan Graham, par exemple) en sont un bon emblème, caméras qui ont d'ores et déjà touché voire dépassé le cauchemar orwellien du *Big Brother*. Ne fabriquent-elles pas une mémoire sélective permanente en entretenant la possibilité de figer le présent ou de remonter le temps grâce à

François Morellet
Sens dessus dessous
New York (1986).
Peinture murale.

L'architecture ►
comme un puzzle.
Retour de situation :
depuis, un nouvel
immeuble est venu
masquer le mur.

▲
Ange Leccia (1952).
Arrangement Stroom HCBK
La Haye (1994).
Montage numérique (photographie d'écran). Projet non réalisé.

Un écran vidéo géant construit dans le prolongement de l'architecture de l'opéra de la ville diffuse en continu une image de la mer basculée.

Antonio Gallego (1956).
Les demeures premières - La Borie
Affichage, Pigalle (février 1998).
Affiche sérigraphique : 180 x 120 cm, 200 exemplaires.
Placardée sur les murs de Paris et de la banlieue depuis 1996.

Sur les murs de la ville, les images d'architectures premières (cabane, borie, yourte) : collées ici ou là, elles apparaissent comme des brèches, des repères dans l'espace quotidien, pour quelques heures ou plusieurs mois. ►

l'enregistrement ? La sédimentation que laisse l'architecture est certes plus prégnante mais bien lente comparée à la mémoire des signes du quotidien. Ainsi des affiches, graffitis, « idéogrammes politico-économiques des bas-fonds urbains, écriture emblématique de nos préoccupations sociales, [qui] s'inscrivent en filigrane dans les pages blanches de l'histoire », selon Jacques Villeglé qui, lui, travaille depuis plus de trente ans sur les affiches qu'il récupère, lambeaux de la peau imprimée de la ville. L'art est aussi un facteur important de cette sédimentation : l'artiste y a un rôle responsable.

Cependant, pour tenir tête à la ville, les artistes ont largement délaissé les outils de l'art « bourgeois », d'un art pour intérieur, de la convenance et de la culture individuelle. Le rêve de la peinture au format de l'architecture, tel que Fernand Léger l'a conçu au milieu du siècle, n'a guère plus cours. C'est bien plus par les moyens de la communication de masse que l'art s'intéresse à la ville, quand il se veut une critique de l'image publique et de sa circulation. Il cherche souvent alors à organiser des situations de rencontre et de conscience au travers de ces rituels d'un genre nouveau que sont les formes multiples de l'action, de l'événement artistique : une part active de l'art depuis plus de trente ans, dont le médium, cette fois, c'est l'humain.

Les procédés de l'image sont aussi portés par la technologie et ses progrès. Cinéma, télé, vidéo et image numérique : les usages artistiques se font cependant souvent par libre usage de la technique, l'adaptant à l'urgence et à l'empirisme du non-spécialiste. La force imaginaire du cinéma ou la puissance mentale de l'écran de *télé* sont des outils que l'art a largement commencé à s'approprier. Au risque de transformer sérieusement la manière de se montrer, de ne plus emprunter les voies ni les formes de l'exposition, de ne plus se satisfaire de l'espace protégé du musée, mais de s'étendre à un espace collectif et social. Au spectateur de choisir s'il veut y entrer et comment, quand la réalité artistique invite à regarder, plus encore que sur le modèle du flâneur du XIXe siècle cher à Walter Benjamin, sur celui de la dérive urbaine souvent nourrie d'une attention critique qui ne manque pas aux artistes engagés sur le territoire de la ville.

…« Mais le soir tombé, papa menace de tuer tout le monde dans la maison. »
Alors ce gamin, il ne comprend plus ce qui se passe avec ce papa-là :
« Mon autre papa, lui, c'est quelqu'un de bien. Celui-là est tellement… tellement ».
Et il en vient à se demander :
« C'est peut-etre à cause de moi que mon papa va si mal. »
Ça commence comme ça, le drame intérieur, pour un enfant, de ne pas savoir quoi faire pour plaire à son pere, meme si on l'aime vraiment beaucoup beaucoup…

KRZYSZTOF WODICZKO

Les murs ont la parole

Portrait
Designer industriel de formation, Wodiczko mène d'abord son activité d'artiste en marge de son premier métier en Pologne. Son expérience d'ingénieur lui sert pour ses premières machines, et aujourd'hui encore pour régler ses instruments et ses dispositifs. En parallèle à sa vie d'artiste, et à ses interventions dans l'espace public, il travaille au MIT, institut de recherches et d'échange entre art et sciences, aux USA.

Des mains pour exprimer, la voix pour raconter : dans la nuit de Cracovie, sur les pierres du vieux beffroi de l'hôtel de ville, la part d'ombre et de misère de la vie ordinaire se dit pour une fois publiquement.

Dès le premier soir, pendant les quarante-cinq minutes de la première projection de Wodiczko, on compta jusqu'à 4 000 personnes présentes. Les projections durèrent trois nuits. Le public, les habitants de Cracovie comme les touristes, avertis par les médias, occupèrent la grande place carrée au cœur de la ville, autour de cette tour, emblème de la cité. Les habitants s'y identifient souvent et voient en elle plus qu'un simple symbole, une personne.
Les images et les sons projetés s'incarnaient inévitablement dans le monument, prenant corps dans la conscience collective au travers de l'édifice. L'image soulignait l'anthropomorphisme de la construction, les seules mains projetées sur la silhouette de la tour la prêtaient ainsi aux huit témoignages. Les voix sont restées anonymes, pour libérer la parole des témoins et aider l'identification des spectateurs ; par contre chacune des personnes, rencontrées au travers des réseaux d'aide sociale, a choisi un objet ou un geste pour s'occuper et faire parler ses mains, les identités individuelles se transposant alors dans celles-ci. Par haut-parleur, on entendait le récit de situations de crise ou de drame intimes – violence conjugale, drame de l'alcoolisme ou de la drogue, toutes choses qui ne se disent pas tout haut, encore moins publiquement.

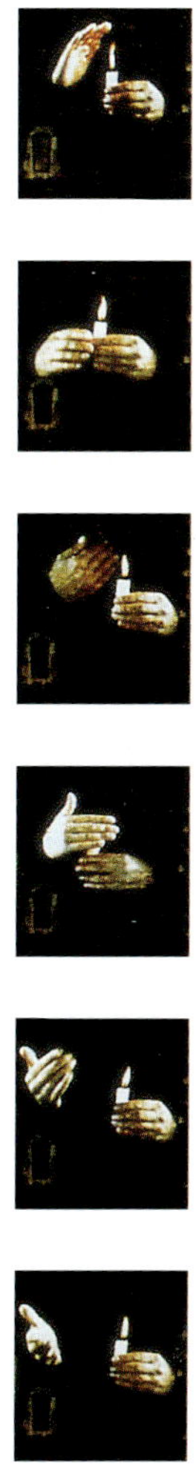

◄ **Krzysztof Wodiczko** ► **(1943).**
City Hall Tower Projection (Projection sur la Tour de la mairie), Séquence de quarante cinq minutes projetée pendant trois nuits à Cracovie (1996). Extraits du passage des mains tenant une bougie, texte et images.

rêve solitaire, hallucination collective

Au-delà de la gageure technique, cette projection a pris une importance particulière pour Wodiczko. Sans doute projeter une image animée est plus complexe (il n'a pas fallu moins de sept jours de préparation) que la projection d'images fixes : l'artiste en réalise depuis 1981 en tous lieux et dans plusieurs pays. Les bâtiments-écran choisis sont toujours chargés d'une autorité institutionnelle, politique, économique ou culturelle, que l'architecture vient souligner. Et les images projetées y ajoutent leur propre symbolique, icônes composées comme des peintures mais inscrites dans l'espace de la ville, dans la nuit. Dans son principe, souvent vérifié par l'artiste au travers des projections réalisées, « l'illumination d'un édifice public, en particulier d'une institution située au cœur de la ville, est un acte de parole qui doit encourager et aider une large majorité des individus à participer au discours social de la cité. Idéalement, ces actes publics d'illumination aideraient les citoyens à se parler, et à rester sensibles aux

▲
Krzysztof Wodiczko
Projection : Hirshhorn Museum and Sculpture Garden, Washington (1988).

Dix jours avant des élections présidentielles, tout près de la Maison Blanche, les images faites par l'artiste et amplifiées par le bâtiment deviennent des emblèmes de la vie sociale.

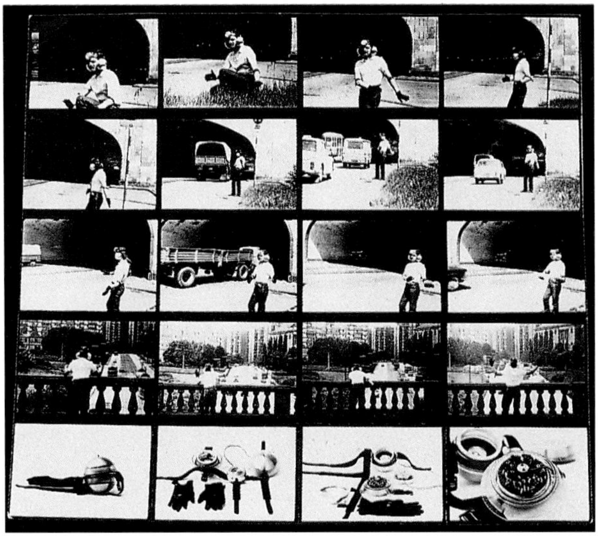

◀ **Krzysztof Wodiczko**
Personal Instrument,
(Instrument personnel),
Varsovie (1969).
Microphone, écouteur, photorécepteurs et dispositifs de fixation.

Les bruits ambiants sont médiatisés par un dispositif électro-mécanique réglable à volonté. Les instruments de l'artiste tentent de fonctionner entre l'homme et son milieu, et surtout de rendre sensibles ces espaces d'échanges, physiques ou sociaux.

Krzysztof Wodiczko
Alien Staff
(Le Bâton d'étranger)
(1992).

C'est un support au dialogue qui porte des preuves d'identité, des symboles personnels, des séquences vidéo biographiques enregistrées, pour se raconter à l'autre.
▼

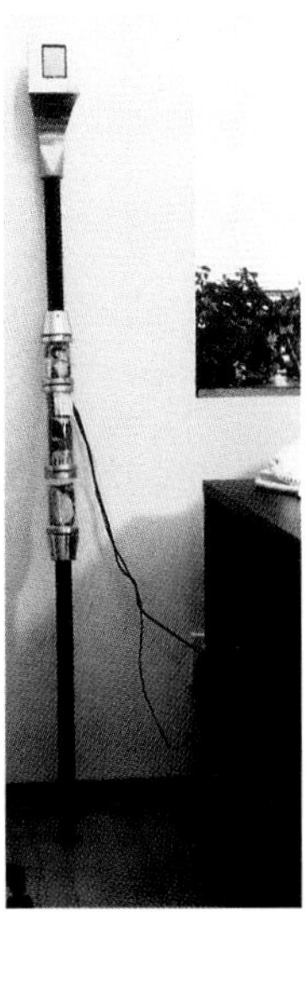

vibrations de la ville. » L'œuvre cherche donc à agir directement sur la conscience du spectateur, se choisissant des moyens adaptés à la communication de masse. Elle doit agir vite, être comprise en quinze secondes pour elle-même et pour la relation avec le bâtiment. L'image animée et la parole libérée prennent un sens tout particulier dans le pays d'origine de l'artiste. Son œuvre en tout cas cherche depuis longtemps à trouver des passages entre paysage urbain et paysage humain, entre le monde et le soi. La projection de Cracovie met l'individu secret en confrontation avec l'autre, avec le collectif, le regard social. Les instruments inventés par Wodiczko depuis quelques années, comme le *Bâton d'étranger* (1992), mettent en œuvre ce genre d'échange. Dès 1969, l'artiste expérimentait sur lui-même son *Instrument personnel,* appareil à transformer les sons de l'environnement grâce à des capteurs fixés sur les mains, elles-mêmes exposées au soleil. Il était déjà à la recherche des points d'attache entre soi et le monde.

À notre époque, plus encore qu'avant, le sens que prennent nos monuments dépend du rôle actif que nous joueront pour en faire des lieux de mémoire, d'évaluation critique de l'histoire ainsi que des sites de discours et d'actions publics.
Krzysztof Wodiczko, 1988.

les mots dans l'espace

◄ **Jenny Holzer (1950).** *Arno* (1996-1997). Projection Xenon à partir de film Kodaclit 185 mm. Biennale de Florence : *Le Temps et la Mode* (septembre 1996). Projection à Florence sur les berges de l'Arno et sur les façades.

Arno a pris son titre lors de sa présentation, mais les textes étaient apparus dans une autre version, dans un film vidéo. Les phrases, évoquant directement la sensualité entre deux corps, en particulier au travers de l'évocation des odeurs, font écho à un travail montré dans la même exposition et réalisé en collaboration avec un autre artiste, avec un médium singulier : l'élaboration d'un parfum.

Je montre ce que je peux montrer avec des mots lumineux en mouvement dans un endroit choisi. Et quand j'ai l'impression de tenir la durée juste, l'espace environnant, les bruits, les odeurs, les gens qui se regardent et qui regardent tout ce qui se passe sous leurs yeux, j'ai donné tout ce que je sais faire. La projection de Florence va dans ce sens, en tout cas.
Jenny Holzer, 1998.

Ce sont des mots qui constituent la matière première de l'œuvre de Jenny Holzer. Si elle travaille sur des clichés, ils ne sont pas photographiques mais verbaux : sentences, proverbes, aphorismes, devises, dictons, axiomes, lieux communs, stéréotypes, slogans, exhortations, paraboles, truismes... Son travail serait comparable à celui d'un poète si elle s'en tenait à l'écriture de ses phrases. Mais c'est avec les outils de la communication moderne, commerciale ou informative, qu'elle choisit de diffuser ces mots : affichages, inscriptions sur des tee-shirts, sur les carrosseries de taxis, sur des affichages électroniques ou des panneaux publicitaires lumineux, sur Internet... Ses messages souvent très ambigus s'adressent ainsi à la conscience collective, sans signaler autrement leur qualité d'œuvre d'art quand ils se fondent dans le paysage urbain, occupant

Jenny Holzer ▶
Extrait de la série *Survival* (1983-1985). Affichage sur panneau électronique : 4,60 x 9,10 m. Piccadilly Circus, Londres (décembre 1988-janvier 1989).

Message lancé dans le paysage, signe parmi les signes dans le soir de Londres. « Appréciez la bienveillance, car la cruauté est toujours prête à revenir ». Un vague sentiment de menace. Mais qui parle ainsi ?

des espaces consacrés en temps normal par la publicité. Au travers des différentes séries (*Truisms*, 1977-1979, *Inflammatory Essays*, jusqu'aux textes de *Arno*), il est question du corps intime, des relations humaines, familiales ou amoureuses, d'attitudes individuelles face à la collectivité. L'artiste y mêle des remarques et des affirmations qui sont d'ordre psychologique, affectif, politique comme économique. Les énoncés jouent en permanence sur leur degré de véracité, de justesse ou de pertinence, laissant le sens des phrases dans l'équivoque, jusqu'à la drôlerie. Dans le premier temps de la lecture, c'est toujours ce rapport de l'intime et du collectif qui se joue, dans cette ambition de l'art à se constituer comme un terrain pour réfléchir sa vie, projetée dans le temps et l'espace public.

Catégoriser la peur
est apaisant.
Les enfants sont l'espoir
du futur.
La structure de classe
est aussi artificielle
que le plastique.
La description est plus
forte que la métaphore.
Ne faites pas trop
confiance aux experts.
La décence est une chose
relative.
La trop grande conscience
de soi conduit à
la perversion.
L'humanisme,
c'est dépassé.
Mourir d'amour,
c'est beau mais bête.
Toute décision coûte.
La liberté est un luxe,
pas une nécessité.
Si vous vivez simplement,
vous vivrez sans soucis.
C'est un mieux pour le
monde de ne pas faire
de bébés.
Le temps libre, c'est un
écran de fumée.
La modération tue l'esprit.
La morale, c'est pour
les petites gens.
Il vaut mieux conjuguer
ses vieux amis au passé.
Il faut être fou pour se
croire important.
Parfois la science va plus
vite qu'elle ne le devrait.
La propriété privée
engendre le crime.

Extraits de *Truisms*, 1977-1979.

dauphin
PACK
ARRONNIERS

PIERRE HUYGHE

Le réel et son double

Le paysage du coin de la rue… celui que l'on ne regarde plus tellement on le voit. Ni gens ni lieux. Aujourd'hui, rien à signaler : le monde est conforme à son image.

◀ **Pierre Huyghe (1962).** *Chantier Barbès-Rochechouart.* Série des *Posters*, Paris (1994). Poster impression offset ; édition en 3 exemplaires plus 1 épreuve d'artiste ; signés et datés : 80 x 120 centimètres.

Des acteurs sont photographiés tandis qu'ils rejouent une situation urbaine quotidienne. De cette image, une affiche (4 x 3 mètres) est imprimée puis installée sur le site même où est prise la nouvelle image.

Et le chantier du carrefour avance. Ils sont en train d'y travailler. Ils… ? Ce sont non plus un, mais deux chantiers qui s'ouvrent, dans ce jeu d'images emboîtées. Un léger dédoublement du paysage trouble tout à coup l'évidence et la banalité de la situation. Il n'y a rien d'extraordinaire, non, à voir une image dans le paysage de la rue, qui se voit si souvent chargée de porter le message enthousiaste des bonheurs consuméristes. Mais l'image placardée est bien à sa place ici : c'est à ce carrefour qu'elle appartient, contrairement à l'image médiatique dont le destin est d'aller partout sans avoir sa place nulle part. Mais dans ce carrefour, qui reproduit quoi ? Si le décalage entre les deux vues – décalage visuel comme temporel – ne fait pas de doute mais la chronologie, elle, demeure incertaine. L'image fait flotter le partage entre fiction et réalité, entre la force documentaire de la photographie et sa capacité à raconter, comme sait le faire le cinéma. Elle prend ici la dimension physique de l'écran de *ciné* autant que du panneau de *pub*. Le faible écart entre les deux moments ouvre l'espace d'un doute, et déplie le présent en une durée paradoxale. C'est ce temps-là que l'artiste cherche à rendre sensible : la rue familière, avant d'être une étendue spatiale, est le théâtre du temps et de l'accumulation d'une infinité de vies parallèles, et nos vieilles villes, si habitées, depuis si longtemps, se vivent plus dans l'instant que dans l'espace.

Portrait
Figure au succès récemment confirmé sur le plan international, Pierre Huyghe interroge la nature de la représentation en recourant à des médiums très variés, image photographique, vidéo, filmage, interventions… Marque de sa génération, il travaille souvent en complicité voire en collaboration avec d'autres artistes.

scénarios de la réalité

L'œuvre est une affiche imprimée – un « poster », selon le mot de l'artiste – qui appartient à une série de plus d'une quinzaine qui relèvent d'un même principe : celui du dédoublement d'une situation par l'image mise en scène, utilisant la même rue comme sujet de l'image et comme lieu de représentation. La photographie affichée vient apporter un commentaire à la scène première. Ainsi le spectateur est fait complice comme on l'est au cinéma, avec ce qui se déroule devant ses yeux : comme au cinéma, il choisit d'accepter l'hypothèse de la fiction. La mise en abîme de l'image est un révélateur qui confronte le spectateur à la fragilité des apparences. Huyghe entretient ce regard en emprun-

Un peu comme dans le jazz, je fournis une structure à partir de laquelle se constituent des moments d'improvisation, de liberté.
Pierre Huyghe, 1996.

◄ **Pierre Huyghe**
Rue Longvic (1995).
Affiche en situation, Dijon.
Série des *Posters*, 1994-1995.
Courtesy Galerie Marian Goodman, Paris - New York.

La passante se retourne sur son propre passage.

Je repère ainsi des mini-situations dans la vie ordinaire, dont je sais qu'elles vont se répéter dans le temps. L'image en elle-même n'a pas d'importance, mais c'est son rapport à la réalité qui fait sens ; c'est une image reliante.
Pierre Huyghe, 1996.

▲
Pierre Huyghe
Light Conical Interset (1996).
Photographie : projection du film de Gordon Matta-Clark, *Light Conical Interset* (1975), Rue Beaubourg, Paris. Courtesy Galerie Marian Goodman, Paris - New York.

Les lieux ont une mémoire. Les œuvres aussi, qui sont nécessairement chargées des œuvres du passé, même proche. Ici : 20 ans.

tant les procédures et les modes de fonctionnement de son œuvre au cinéma. Ainsi ce sont des acteurs, des figurants qui jouent la scène, non les « vraies » personnes : car l'image est toujours fabrication et préméditation. Le doublage, où l'acteur donne sa voix mais renonce à son corps, les décalages entre la bande-son et l'image, voilà encore des ses matières privilégiées. Ou le principe du *remake* : il en a réalisé plusieurs à partir de films connus comme *Fenêtre sur cour* de Hitchcock ou *Uccellaci e uccellini* de Pasolini. Mais il ne cherche pas à faire illusion : ses *remakes* ne prétendent en rien concurrencer l'original. C'est le décalage entre les images et l'engagement des acteurs qui est le vrai sujet, le travail de l'interprétation, avec ses erreurs et ses maladresses. Fiction, scénario, casting, tournage, jeu : quand il emmène son objectif dans la rue, il n'a pas tant l'ambition de révéler une vérité du monde ou des hommes, mais de travailler sur l'apparence des choses, d'y fabriquer des poches de compréhension et de sensibilité, de créer des moments de libération temporelle. Sa démarche l'a conduit à faire art du maniement de la télévision en installant un réseau local accessible à tous et installé dans des centres d'art. La caméra et l'écran réinventent le miroir, si la *télé* n'est pas une glace sans tain.

Quartier Beaubourg
Les hypothèses temporelles et spatiales se chevauchent quand l'un des Posters montre l'image du film de l'artiste Gordon Matta-Clark, tourné en 1975, et projeté sur le mur d'un bâtiment reconstruit depuis. L'image est « un commentaire sur le travail de cet artiste, mais en même temps, il s'est produit un véritable effet de trou lumineux, perçant visuellement l'architecture », dit l'artiste. L'œuvre initiale reprise vient en tout cas interroger la mémoire d'un acte artistique mais aussi la réalité contemporaine d'un projet d'architecture qui ne semble guère intégré dans son quartier.

habiter le décor de la rue

◄ **Marylène Negro (1957).**
De très fortes chances, d'assez fortes chances, peu de chances, pas de chances du tout, (1992).
Affiches 120 x 170 cm. Affichage urbain et édition de 10 exemplaires. Présentées dans le cadre de l'exposition « Éros c'est la vie », Le Confort Moderne, Poitiers (1993).

Le langage visuel du sondage ou du test est ici offert sans contexte. Le principe « Cochez la case utile » s'impose, mais le geste reste suspendu faute d'objet de jugement.

Prendre la rue comme elle est et occuper ses interstices, créer des événements, induire des situations, occuper des espaces fonctionnels en les détournant de leur fonction : c'est ainsi que travaille Marylène Négro. Elle utilise tous supports pour lancer des invitations, des sollicitations, en particulier ceux de la publicité. L'affiche, l'emballage, la rubrique du journal, le pseudo-sondage sur répondeur téléphonique ou le test à cocher pour lecteur de magazine, sont les cadres que l'artiste se donne. Mais quand elle montre une affiche, elle a pris soin d'en effacer toute trace écrite, en faisant de l'objet muet un signal (*Les passeurs,* 1997). Entre codes de la représentation et rhétorique de l'image, elle joue en montrant juste des supports et leurs déplacements. Il s'agit pour elle de provoquer l'usage normatif des langages des médias et de la publicité, communauté illusoire; mais aussi des fragments de parole entendus, des bribes de conversation. L'artiste n'a pas pour autant de leçon à donner : elle attire l'attention sur ces outils de passage, laissant le soin à chacun, participants et public, d'y trouver son propre mode de participation. Les propositions sont toujours légères, une consigne, un imprimé. Pour une œuvre qui voudrait pourvoir tenir dans une sacoche de mob !

Agir dans l'espace social
Si l'espace public, le paysage collectif est encore un terrain de conquête pour l'artiste, c'est non plus au plan de la production de formes ou d'objets, mais bien plus de l'intervention, de gestes dispersés dans le présent. Il s'agit en somme de la tentative d'élargir le champ de l'art pour y rendre visible des moments ou des figures du lien social.

Joël Hubaut (1947). ►
CLOM 2 : *La Place Rouge à Deauville* (1996). Manœuvre-Courant d'art.

L'annonce est passée par voie de presse : celle d'un rendez-vous ludique et participatif, qui sous forme de calembour visuel travaille dans le champ de nos codes sociaux.

La dissémination de signes simples dans l'espace social participe des actions de Joël Hubaut sur tous supports, même la peinture, et tous domaines. La danse l'occupe en ce moment, mais aussi depuis longtemps la poésie sonore. En habitué de la performance, du happening, il sollicite un public anonyme au travers de jeux ou de règles simples. Ici, à Deauville, la consigne passée par la presse locale était : venez en rouge ! Le titre de l'œuvre en témoigne. Mais la couleur agrément ne doit pas cacher selon lui la couleur normative, « couleur-propriété, couleur-pouvoir, couleur-racisme, couleur-dictature ». L'artiste-vigie veille sur les grilles de représentations. S'il joue avec, c'est bien pour entretenir un nécessaire état de conscience, en faisant circuler des signes pauvres, souvent tirés de la culture populaire.

Je construis des sites monochromes, avec des objets donnés ou prêtés par un public souvent extérieur au milieu de l'art. C'est un processus de manœuvre qui se propage avec une population élargie. (…) Je réalise ainsi mes pièces entièrement avec l'aide et la complicité de la population.
Joël Hubaut, 1998.

Analyse guidée

JAMES TURRELL

L'esprit libre

C'est ainsi que James Turrell a baptisé l'un de ses avions (il les collectionne), un petit biplan à hélice qui est l'un de ses premiers instruments de travail d'artiste. Celui en tout cas avec lequel il se retrouve le plus directement dans son élément : le ciel, d'air et de lumière.

En 1968, c'est en avion déjà qu'il réalise avec le peintre Sam Francis *Skywriting (Écriture de ciel),* pièce éphémère consistant en motifs de fumée colorée. Ce diplômé en psychologie, en maths et... en histoire de l'art suit plusieurs programmes de recherches scientifiques sur la lumière. Dès 1969, il a transformé le bâtiment de son atelier à Los Angeles en chambre noire-laboratoire pour toutes sortes de recherches sur la lumière et la perception. Depuis, Turrell n'a eu de cesse de prolonger un même projet artistique : « La lumière est un matériau que j'utilise et que je manipule pour travailler sur le médium de la perception », dit-il, insistant pour bien marquer que son objectif n'est jamais l'installation ou le dispositif lui-même, mais la réalité physique et psychique de perception du spectateur.
Le principe de découpe dans l'architecture, ouverte vers une lumière soit naturelle soit électrique, est repris selon différents principes et échelles dans ses travaux. Les *Skyspaces* (depuis 1975) sont des espaces construits dont le toit s'ouvre et met le regard dans la matière et la couleur du ciel, sans aucun repère de distance, en variation permanente selon le moment de la journée. Projections, « fenêtres » de lumière, interventions dans des constructions existantes ou aménagements de site : *Roden Crater* reste l'œuvre-clef de Turrell.

◀ **James Turrell (1943).**
Roden Crater
Vue générale du volcan. 305 m d'altitude au dessus du plateau. Situé au nord est de Flagstaff, Arizona.

Acquis par James Turrell en 1977, avec le soutien du Dia Center for the Arts à New York et du collectionneur Panza di Biumo. L'aménagement du cratère est en cours depuis lors.

Portrait
Entre le cow-boy et l'ingénieur, Turrell suit son projet et traque le phénomène lumineux et sa perception. Depuis sa première exposition en 1967, il a développé ses idées de piège à lumière et en a mis plusieurs en place. Entre ses séjours chez lui et ses passages dans les grands musées qui l'invitent, il vérifie avec méthode ses hypothèses sur la puissance de la couleur.

analyse guidée

▪ Au travers du *Painted Desert* ainsi nommé à cause de ses couleurs changeantes sous les rayons du soleil, sur un haut plateau de l'Arizona en terre Hopi, un chapelet de vieux volcans. L'approche de Roden Crater donne l'échelle des choses.

▪ L'artiste a choisi d'acquérir Roden Crater en 1977, après de longs repérages en avion. Les idées d'aménagement furent immédiates. Aujourd'hui, le projet comprend une douzaine de constructions, presque enterrées et tournées vers des phénomènes astronomiques précis et des galeries.

▪ Il a fallu sérieusement remodeler une lèvre du volcan au bulldozer, de manière à l'amener à l'horizontale et à lui donner ce profil que l'artiste connaît bien, sur lequel la lumière glisse sans éclat; il parait qu'à l'arrivée du jour, celle-ci coule dans le fond du cratère. Turrell affirme que l'ascension depuis l'intérieur vers ce rebord offre la sensation d'espace la plus impressionnante de tout le site.

▪ Le tunnel est aligné sur le point le plus au sud du coucher de la lune. Au jour dit, le clair de lune pénètre 350 mètres plus bas, au cœur du volcan, par le long couloir. Quand on gravit celui-ci, le regard ne débouche jamais sur rien d'autre que du ciel. Il y aura des bassins, rappel de l'horizon et miroir de belle dimension, dans *East Space* et dans *Fumarole Room*. Cette pièce ressemblera à une œuvre de la série des *Dark Spaces*, pièces sombres, avec des nuits très noires car ouvertes sur le ciel dans des secteurs de ciel sans étoiles, mais aussi avec 35 à 40 minutes de lumière de soleil couchant tous les jours de l'année, que l'on obtient grâce à un diaphragme. La salle doit être coiffée d'une cage de Faraday permanente, pour intercepter toute onde radio. Le *South Space* doit viser l'étoile polaire, et permettre de ressentir physique-

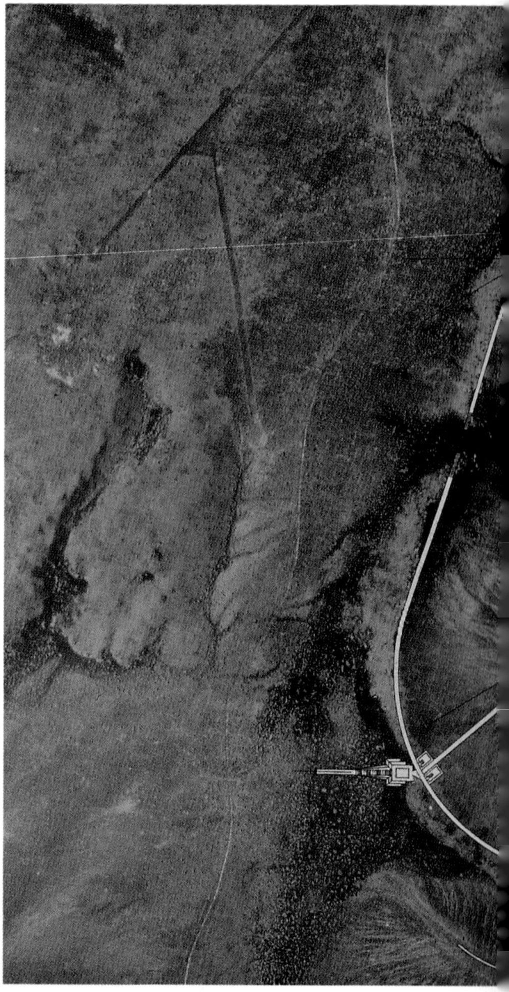

▲
James Turrell
Roden Crater Project (1989).
Dessin à la cire et à l'encre sur photo n&b : 94 x 149 cm.
Collection FRAC Limousin.

La montagne est traversée par un couloir qui relie les constructions entre elles. Chaque pièce renvoit à un repère céleste ou solaire différent. On peut repérer par ce plan :
– en direction du nord, sur le tracé en arc : les deux *North Spaces*, *East* et *South Space* ;
– sur l'axe qui traverse le cratère, d'est en ouest : l'ensemble *Fumarole Room* et *Sun and Moon Space* avant *Eye of the Crater*, l'observatoire principal, et la remontée vers *Beta Tunnel*.

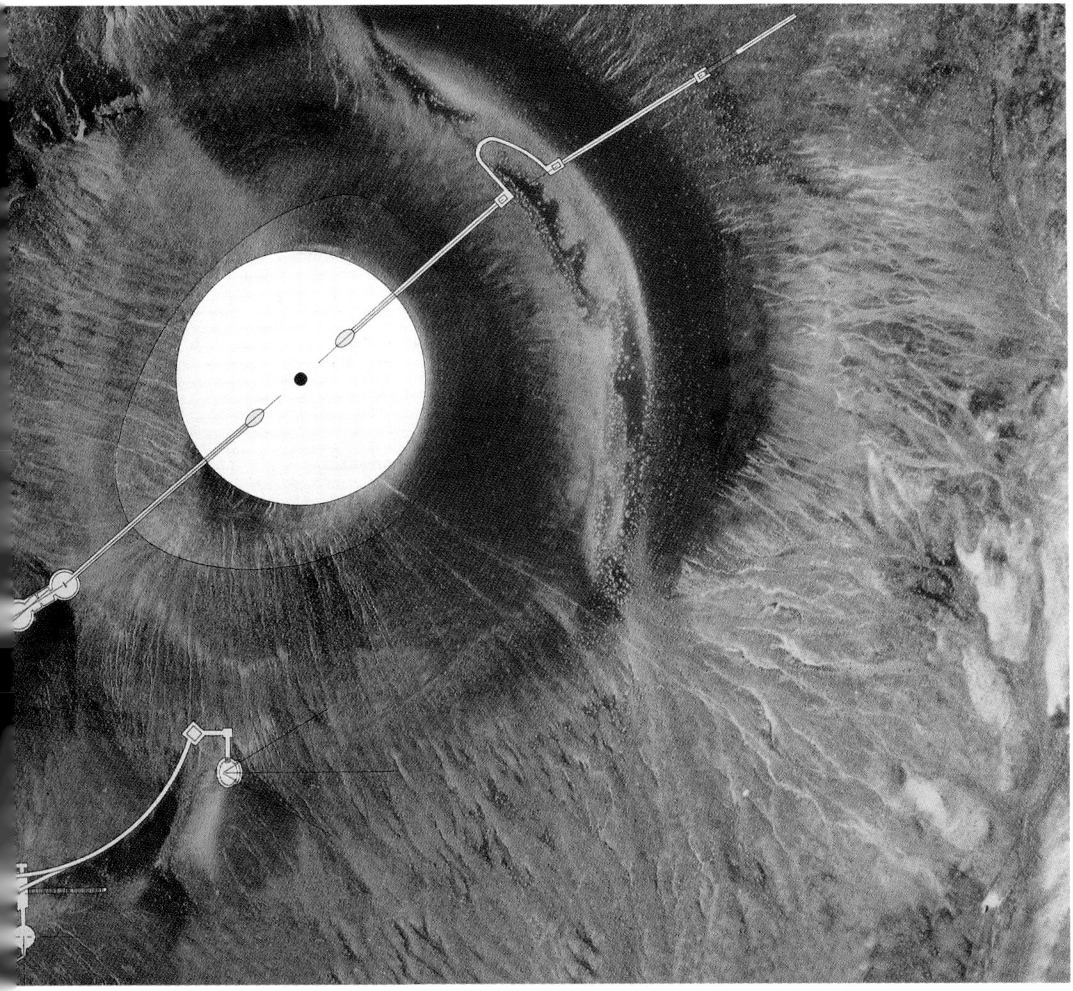

ment la rotation de la terre sur cet axe. Chaque lieu est ainsi destiné à une observation et à des moments astronomiques différents, procurant une variété de sensations et d'expériences de l'espace au visiteur, le mettant en face de dimensions cosmiques qui rappellent son échelle à l'observateur.

▪ La prochaine tranche de travaux comprend *Sun and Moon Space*, sur *Eye of the Crater* (l'espace central), *South Lodge* et le couloir souterrain, qui devraient être achevés pour l'an 2000.

▪ Libre d'accès jusqu'alors, défendu par son seul isolement, Roden Crater devient un lieu plus protégé au fur et à mesure de l'avancement des travaux. Une fondation veille sur le site. Renseignements et contacts sont à prendre auprès de Skystone Foundation Box 725, Flagstaff, Arizona 86002, USA.

Fiches biographiques

CHRISTO ET JEANNE-CLAUDE

Christo et Jeanne-Claude sont nés tous les deux le 13 juin 1935, lui à Gabrovo en Bulgarie, elle à Casablanca, au Maroc. Ils sont aujourd'hui de nationalité américaine et vivent à New York.

Après des études aux Beaux-Arts de Sofia et de Vienne, Christo vient à Paris en 1958. Christo et Jeanne-Claude travaillent ensemble depuis lors, mais ont décidé il y a quelques années seulement de signer leurs œuvres ensemble. À part les dessins préparatoires et les objets empaquetés attribués à Christo seul, toutes les œuvres et leur enregistrement photographique sont signées de leurs deux noms.

Christo commence par empaqueter des objets et des modèles vivants, et conçoit, dès 1961, son premier empaquetage d'édifice public. En 1962, Christo et Jeanne-Claude empilent 204 barils d'essence rue Visconti à Paris.
Dès 1964, ils décident de vivre à New York et commencent à concevoir de grands projets.

Parmi les expositions et travaux :

- 1969 *The Wrapped Coast*, Australie.
- 1972 *The Valley Curtain*, Colorado (18 500 m^2 de nylon polyamide, 55 tonnes de câbles d'acier, 800 tonnes de béton).
- 1976 *Running Fence*, Californie.
- 1983 *Surrounded Islands* (onze îles encerclées de rose dans la baie de Miami).
- 1985 empaquetage du Pont Neuf à Paris.
- 1991 *The Umbrellas*, États-Unis, Japon.
- 1995 *Wrapped Reichstag*, Berlin.
- 1998 *Wrapped Trees*, à la Fondation Beyeler en Suisse.

Projet en cours : recouvrir la rivière Arkansas, dans le Colorado, de grands panneaux de toiles parallèles au cours d'eau.

MICHAEL HEIZER

Michael Heizer est né en 1944 à Berkeley, en Californie. Il est de nationalité américaine et vit dans le Nevada.

Fils d'archéologue, Heizer connaît depuis son enfance les sites préhistoriques.

Au début des années 60, il commence une carrière de sculpteur, peintre et graveur à New York. Sa rencontre avec Walter de Maria est bientôt déterminante. Dès 1967, date à laquelle il commence à marquer le désert de vastes dessins-scarifications. Son travail nécessite souvent le recours de moyens techniques lourds.

Parmi les travaux :

- 1969 -1970 *Double Negative*, Nevada.
- 1970 *Circular Surface Planar Displacement Drawing*.
- 1971 *Levitated Mass*.
- 1972-1974 *Complex I* (construction).
- 1985 *Effigy Tumuli* : cinq tumulus de 100 à 200 mètres de long.

Heizer poursuit le projet de *Complex III*, parallèlement à son travail d'atelier de sculpture sur béton.

Parmi les expositions récentes :

- 1984 Museum of Contemporay Art, Los Angeles (exposition personnelle).
- 1987 *Documenta 6*, Kassel.
- 1994 *Art Before Life*, Ace Gallery New York (exposition personnelle).

N. E. THING CO
IAIN BAXTER

Iain Baxter est né en 1936 à Middlesborough en Grande-Bretagne. Il est arrivé au Canada dès son jeune âge. Il est aujourd'hui de nationalité canadienne et vit à Windsor, en Ontario.
Ingrid Baxter est née en 1936 aux États-Unis. Sa période d'activité artistique au sein de N. E. Thing Co s'étend de 1966 à 1978.

Formé aux Beaux-Arts dans les universités américaines, Iain Baxter travaille dès 1964 à Vancouver, sur la côte ouest du Canada. Il lie depuis lors sa pratique d'enseignant à son activité artistique, aujourd'hui dans l'Ontario.

Il travaille à partir de 1966 sous le nom de N. E. Thing Co. (NETCO) avec son épouse Ingrid, co-présidente de la compagnie. Cette désignation commerciale regroupe les activités qu'il mène souvent en groupe. Au travers de ses actions, Baxter mêle un rapport duchampien à l'objet et l'héritage Dada de l'action provocatrice et ironique, à l'art conceptuel et au Land Art.
Photographies, actions, production d'idées, le travail sur le terrain est continu. Art postal, éditions de documents d'information, œuvres par telex, par fax : les médiums sont multiples. Entre 1966 et 1970, nombreuses interventions dans le paysage comme *1/4 Mile Landscape* (1968). Nombreuses actions conceptuelles avec participation du public entre 1970 et 1978. En 1977, N.E. Thing Co ouvre un restaurant à Vancouver. Un an plus tard, la Compagnie suspend ses activités, après le divorce des co-présidents. Iain Baxter réintroduit la peinture et le dessin dans ses travaux après 1980, sans ralentir son travail photographique.

Parmi les expositions récentes :

1993 *You are now in the middle of a N.E. Thing Co Landscape*, Vancouver (rétrospective).
1995 *N.E.Thing Co, the Ubiquitous Concept*, Oakville (rétrospective).
1998 *Products, Place, Phenomenon*, Art Gallery of Hamilton, Ontario (travaux récents). L'Art Gallery of Ontario à Toronto a créé un fonds d'archives et de recherche autour de son œuvre en 1998.

DENNIS
OPPENHEIM

Dennis Oppenheim est né en 1938 à Mason City (rebaptisé Electric City) dans l'État de Washington. Il est de nationalité américaine et vit à New York.

S'il s'est formé sur la côte ouest, c'est à New York, à partir de 1967, que Dennis Oppenheim a réellement engagé son œuvre au croisement de plusieurs pratiques : Land Art (spécialement vers 1968-73), art conceptuel, Body art, performance, sculpture environnementale : il cherche ainsi à se dégager des modes d'énonciation traditionnels et à redéfinir les relations entre l'artiste et les institutions.

1968 *Time Line*, sur le fleuve Saint Jean entre les États-Unis et le Canada : tracé dans la neige de la ligne de séparation entre deux fuseaux horaires.
1969 *Directed Seeding - Cancelled Crop* : série de motifs exécutés par une moissonneuse.
1969 Performances (par exemple au MoMA à New York).
1970 *Stomach X-ray* : images radiographiques.

Dans les années 70, il réalise entre autres des sculptures-environnements.

1970-1975 *Identity Stretcht*, près de New York : l'empreinte du pouce de l'artiste et celle de son fils agrandies au sol sur 300 m et tracées au goudron.
1974 *An Attempt to Raise Hell*, sculpture animée avec pantin à l'effigie de l'artiste, acquise par le Centre Georges Pompidou.

À partir de 1979, série des *Factories*, machines animées.
Dans les années 80, il se fait artificier pour la série des *Fireworks*.

Parmi les expositions :

1977 Documenta, Kassel.
1978 Rétrospective 1967-77, Musée d'art contemporain, Montréal.
1979 Exposition personnelle au Musée d'art moderne de la ville de Paris.
1980 Biennale de Venise.
1992 *Selected Work* 1967-1990, PS1, New York.
1996 Rijksmuseum Kröller-Müller, Otterlo.

RICHARD LONG

▪ Richard Long est né en 1945 à Bristol. Il est de nationalité anglaise. Il vit à Bristol et travaille en voyageant.

▪ Richard Long a fait ses études à Bristol et à Londres, à la Saint Martin's School of Art. Dès 1964, alors qu'il est encore aux Beaux-Arts, il réalise une première œuvre à ciel ouvert : *A Snowball Track*. L'année suivante, *A sculpture in Bristol* se présente comme un simple trou creusé dans le sol. La dimension temporelle de sa démarche est plus évidente dans *A Line Made by Walking* (1967). Dès 1965, il commence à voyager partout dans le monde, de l'Amérique à l'Europe, puis en Inde, au Japon et en Afrique. Lors de ces explorations aux itinéraires précis, il dispose des matériaux naturels à ciel ouvert : pierres, bâtons, bois flottés en forme de cercles, spirales, zigzags. Les œuvres, abandonnées dans le paysage, sont présentées sous forme de photographies.
Il est très vite considéré comme une figure du Land Art : il participe dès 1969 aux premières expositions new-yorkaises consacrées à l'Earth Art et à l'importante exposition *Quand les attitudes deviennent forme*, à Berne en 1969. Il participe à plusieurs *Documenta* de Kassel (1972, 1982) et à la Biennale de Venise en 1976.
Il commence à faire des sculptures pour les espaces d'exposition dans le courant des années 70. Il y montre des fragments de matériaux prélevés lors de ses différents voyages (ardoise, pierre, bois, boue...). Dans les années 80, cartes et récits de randonnées s'ajoutent aux clichés, ainsi que des livres qui relatent l'expérience de l'artiste.

▪ Parmi les expositions récentes :
- 1981 CAPC de Bordeaux.
- 1986 Musée Guggenheim de New York.
- 1989 *Magiciens de la Terre*, Paris.
- 1991 *Walking in Circle*, Hayward Gallery, Londres.
- 1993 *River to River*, Musée d'art moderne de la ville de Paris.
- 1994 Biennale de São Paulo.
- 1997 *Géographiques*, FRAC Corse.
- 1999 *Kunstverein*, Hanovre.

ROBERT IRWIN

▪ Robert Irwin est né en 1928 à Long Beach, en Californie. Il est de nationalité américaine. Il vit et travaille à San Diego, toujours en Californie.

▪ Il fait sa formation dans plusieurs écoles d'art de Los Angeles. Peintre dans les années 50, il est proche de l'expressionnisme abstrait. Au début des années 60, il s'adonne à une géométrie presque monochrome.
Les *Dots Paintings*, entre 1964 et 1966, sont ses dernières œuvres peintes. En 1967, la lumière devient le matériau qui lui permet de séparer l'œuvre et le mur pour atteindre la troisième dimension. Il utilise d'abord des volumes de plastique transparent pour expérimenter des effets optiques. Il cesse définitivement de peindre en 1969 et se sépare de tout atelier pour travailler à l'échelle de l'architecture, avec des interventions dont le vocabulaire n'est pas très loin du minimalisme, associé avec les éléments naturels que sont lumière ou végétation. La qualité et la nature du lieu d'intervention déterminent son travail. Il a mené des recherches sur la perception avec les scientifiques, la NASA entre autres. Il a donné beaucoup de conférences.
Il expose depuis 1957, et mène parallèlement les travaux sur chantier et l'installation de ses expositions.

▪ Parmi les travaux et expositions :
- 1965 Biennale de São Paulo.
- 1968, *Documenta*, Kassel.
- 1977 Première rétrospective au Whitney Museum, New York.

Depuis 1975 : une cinquantaine de projets et de réalisations d'aménagement, souvent dans l'espace public, comme l'aéroport de Miami (non réalisé) ou le projet d'aménagement dans le cadre des Jeux Olympiques d'hiver à Albertville en 1990.
- 1994 Rétrospective au Musée d'art moderne de la ville de Paris.
- 1998 *Double Diamond*, Musée d'art contemporain de Lyon.
- 1999 *Hommage to the Square*, Dia Center for the Arts, New York.

IAN HAMILTON FINLAY

▒ Ian Hamilton Finlay est né en 1925 à Nassau, aux Bahamas. Il est de nationalité anglaise. Il vit en Écosse à Dunshyre, dans le Lanarkshire.

▒ Poète et artiste, Ian Hamilton Finlay fait des études à Glasgow, puis devient berger dans les Orkneys.
D'abord poète, il fait des expériences novatrices en matière de poésie concrète, d'abord en travaillant seul puis en relation avec d'autres poètes. Il fonde en 1961 la Wild Hawthorn Press. Jusqu'en 1968, il publie la revue *Poor. Old. Tired. Horse.*
À partir de 1967, il travaille à la réalisation du jardin de *Stonypath*, aidé de plusieurs collaborateurs et de sa femme Sue. Son travail constitue des étapes de l'aménagement de son « domaine philosophique ». Il expose des prolongements des œuvres de *Stonypath*, souvent réalisés avec un artiste ou un artisan. En 1978, *Stonypath* est rebaptisé *Little Sparta.*

▒ Parmi les expositions récentes :

1987	*Documenta*, Kassel.
1986	*Names on Plaques,* installation au Domaine de Kerguéhennec.
1987	*Poursuites révolutionnaires*, Fondation Cartier, Jouy-en-Josas.
1989	Lors du bicentenaire de la Révolution, l'État français envisage de lui commander une œuvre commémorative, mais l'ambiguïté des propositions de Finlay, qui sembleraient refléter une nostalgie du nazisme, suscite alors de vives polémiques.
1992	Exposition personnelle à la ICA de Londres.
1995	*I.H.Finlay*, Hambourg.

TADASHI KAWAMATA

▒ Tadaschi Kawamata est né en 1953 à Hokkaido, au Japon. Il est de nationalité japonnaise. Il vit à Tokyo.

▒ Si cet artiste japonais commence par étudier la peinture à l'École des Beaux-Arts de Tokyo, il privilégie rapidement un travail d'installation dans l'espace.
À partir de 1979, il intervient sur les chantiers de construction et de démolition, disposant des échafaudages impraticables avec des planches rapprochées. Son travail influence l'art japonais des années 80. À cette époque, Kawamata participe à plusieurs manifestations dans des appartements et des espaces prêtés.

▒ Parmi les expositions récentes :

1982-1983	*Apartments project* (Tokyo, Tokorozawa, Sapporo).
1982	Biennale de Venise et nombreuses interventions partout dans le monde.
1983	*Construction Site Project* à La Haye, à Grenoble et Biennale de São Paulo.
1986	*Construction Site*, La Haye.
1987 et 1992	*Documenta,* Kassel.
1989	*Toronto Project*.
1991	*Favella in Houston*, Houston, Texas.
1993	Biennale de Lyon.
1994	*Transfert*, CCC, Tours.
1995	Exposition d'ouverture du Tokyo Museum of Contemporary Art.
1997	*Skulptur Projekt*, Münster.
1998	*Field Works*, Spengler Museum, Hanovre.

Le projet en cours nommé *Work in Progress* comprend des développements au Japon (Tagawa), en Hollande (Alkmaar) et en Suisse (Zug).

DAN GRAHAM

▪ Dan Graham est né en 1942 à Urbana, Illinois. Il est de nationalité américaine. Il vit à New York.

▪ Dan Graham travaille au début des années 60 dans une galerie new-yorkaise : il y puise une base de sa réflexion sur les conditions de présentation des œuvres d'art dans les lieux institutionnels (galerie, revues). Son travail prend aussi la forme de textes de critique et d'analyse de la culture, sur l'architecture ou sur le rock.
Entre 1969 et 1981, il réalise des performances qu'il relie à une pratique de la vidéo (*Performer/Audience Sequence*, 1974). Une pièce comme *Present Continuous Past* (1974, installation vidéo, collection du Centre Pompidou) est exemplaire de son travail sur la perception de soi et du temps.
Depuis le début des années 80, Dan Graham intervient essentiellement dans des espaces publics en particulier avec les *Pavillons*.
Parallèlement, il réalise des performances, des pièces théâtrales et des vidéos.

▪ Parmi les expositions récentes :
- 1986 Galerie Durand Dessert, Paris.
- 1988 *Pavillons*, Kunstverein, Munich.
- 1992 *Dan Graham, Travaux 1964-1992*, Le Nouveau Musée, Villeurbanne.
- 1993 *Art in relation with architecture*, Stedelijk Van Abbe Museum, Eindhoven, Pays-Bas.
- 1994 *Dan Graham, Film and Video series*, Whitney Museum, New York.
- 1997 *Whitney Biennal*, Whitney Museum of American Art, New York.
- 1997 *Models to Projects, 1989-1997*, Galerie Marian Goodman, Paris.

KRZYSZTOF WODICZKO

▪ Krzysztof Wodiczko est né en 1943 à Varsovie. Artiste polonais, il vit et travaille aux États-Unis.

▪ Au début des années 70, Wodiczko, qui travaille alors en Pologne, développe des recherches proches de l'art conceptuel. Il produit des *Véhicules* ironiques, et montre ses premières projections réalisées alors en intérieur, dans l'espace de la galerie.
Il quitte la Pologne pour le Canada.
À partir des années 80, il réalise des projections sur des bâtiments et monuments publics : il projette des images souvent très symboliquement chargées, ou dont l'association, entre elles ou avec l'architecture, renforce la portée. Nombreuses projections publiques aux États-Unis et au Japon. Première projection monumentale en image vidéo à Cracovie en 1996. Ses réalisations sont conçues comme des outils de la socialité, qui trouvent leur place dans l'espace urbain.

▪ Parmi ses réalisations récentes :
- 1991 *Alien Staff (Le Bâton d'étranger).*
- 1988 *Homeless Vehicle (Véhicule pour sans-abris).*
- 1994 *Le Porte-parole.*

▪ Parmi les expositions récentes :
- 1990 *Instruments, Projections, Véhicules*, Fondation Tàpies.
- 1992 Rétrospective, Walker Art Center, Mineapolis.
- 1994 Rétrospective, Centre d'art contemporain Zamek Ujazdowski de Varsovie.
- 1999 Représente la Pologne à la Biennale d'architecture de Venise.

PIERRE HUYGHE

▒ Pierre Huyghe est né en 1962 à Paris. Il est de nationalité française. Il vit et travaille à Paris.

▒ Très actif, il se partage entre les tournages de ses pièces cinématographiques et l'installation des dispositifs d'expositions. Il travaille aussi dans des cadres collectifs, cadres associatifs ou projets artistiques à participation.

▒ Parmi les expositions et travaux récents :

1990	Galerie Fac-Simile, Milan.
1994-95	*Billboard series (Posters)*, édition en préparation.
1995	*L'usage de l'interprète*, FRAC Languedoc-Roussillon, Montpellier.
1995 puis 1997	*Mobil TV, Broadcast TV Station*, Le nouveau Musée, Villeurbanne puis Le Consortium, Dijon.
1996	*Dubbing*, galerie Roger Pailhas, Paris. *Traffic*, CAPC, Bordeaux.
1997	*Storytellers,* Le Consortium, Dijon. Biennale de Venise.
1998	ARC, Musée d'art moderne de la Ville de Paris.
1998	*Premises*, Guggenheim Soho, New York.
1999	*Cinema, Contemporay Art and the Cinematic Experience*, Stedelijk Van Abbe Museum, Eindhoven, Pays-Bas.
2000 :	Kunsthalle Zürich, Suisse.

▒ Expositions personnelles à Münich (Kunstverein), Vienne (Secession Wiener), au Portugal (Fondation Serralves, Porto).

▒ Festivals de film :

1996	Merano, Utrecht.
1997	Brest, Rotterdam.
1998	Rencontres internationales d'Arles.

JAMES TURRELL

▒ James Turrell est né en 1943 à Los Angeles. Il est de nationalité américaine. Il vit à Flagstaff dans l'Arizona.

▒ Il fait ses études en Californie et s'installe dans un espace studio à Ocean Park dans lequel il va se livrer à de nombreuses expériences. Dès ses premières œuvres, il utilise les possibilités de la lumière artificielle et naturelle. Ses installations architecturales sont reconstruites ou adaptées selon les situations d'exposition. Turrell réalise aussi des installations pérennes, chez des collectionneurs privés ou pour des institutions. Le projet de *Roden Crater,* entrepris en 1977, n'est pas encore achevé.

▒ Parmi les projets et réalisations :

1972	*Wedgework Series*.
1976	Exposition des premiers dessins de l'aménagement du *Roden Crater* au musée Stedelijk d'Amsterdam. Le projet est soutenu par le Dia Center for the Arts en 1977.
1985-1989	*Dark Spaces*, nombreuses expositions dont MOCA, Los Angeles.
1989-1990	*Irish Sky Garden* : des observatoires sont installés dans le paysage irlandais.
1991	Série des *Perceptual Cells*.
1994	Collaboration avec le compositeur Pascal Dusapin pour l'Opéra *To Be Sung*.

Depuis le milieu des années 90, Turrell a plusieurs projets en collaboration avec des architectes, en Allemagne, aux États-Unis et au Japon.

▒ Parmi les expositions récentes :

1980	Whitney Museum et Galerie Leo Castelli, New York (expositions personnelles).
1983	*Skylight* à l'ARC, Musée d'art moderne de la ville de Paris.
1997-1998	Rétrospective itinérante au Japon.
1998	Rétrospective, MAK, Vienne.

Lexique

Action

Forme de l'œuvre qui hérite de la tradition des activistes et de Dada, puis du mouvement Fluxus et des arts de la performance. L'acte pour lui-même est considéré comme une forme esthétique. L'action n'a pas forcément besoin de spectateur ni de la moindre visibilité immédiate. Elle n'existe publiquement qu'après coup, par une documentation, un récit.

Art conceptuel

Sensibilité artistique des années 60 et 70 diffusée de manière très internationale, qui accorde une importance restreinte à la réalisation matérielle de l'œuvre pour s'intéresser plus à sa consistance comme idée ou comme mot. Lawrence Wiener en est une figure toujours active.

Art postal

Pratique de l'échange et de la circulation d'informations et d'objets par les voies postales. L'imaginaire de la géographie, de la communication, mais aussi de la littérature épistolaire s'y retrouve. Les moyens nouveaux qui vont plus vite que la lettre (télex, téléphone, télé, fax, courriers électroniques) proposent des échanges plus rapides voire instantanés. Mais la lenteur et la durée sont ici des qualités.

Art-in-response

Désignation qui rencontre l'idée d'*in situ* chère à Daniel Buren : il s'agit d'une pratique de l'art du contexte, d'un art fondé sur l'analyse critique du cadre matériel, architectural, mais aussi politique ou économique où l'artiste est amené à intervenir. Ces contextes, mis en question, demandent une réponse. L'œuvre en tient lieu.

Artefact

Produit du faire ou des techniques de l'art. S'oppose au fait naturel parce qu'il est lié à une figure d'auteur, qu'il est d'origine humaine et qu'il est chargé d'intention, voire d'expression.

Assemblage

L'un des gestes entrés au répertoire des artistes au début du siècle. Associer deux réalités étrangères l'une à l'autre peut créer un effet de signification, faire image, faire signe. Le collage cubiste en affirmait déjà le principe. La sculpture et l'art de l'installation l'ont généralisé.

Biennale

Exposition qui réunit tous les deux ans des artistes internationaux et des artistes du pays organisateur. Celle de Venise est la plus ancienne (inaugurée pour la première fois en 1895) et demeure très courue ; la Biennale de São Paulo date de 1951, celle de Paris, disparue depuis, de 1959. Dans les années 90, ce sont les pays émergents qui ont repris cette forme d'exposition : Sydney, Johannesburg, Dakar, Le Caire. Une certaine idée de l'internationalité de l'art trouve là un territoire intéressant.

Commande publique

Pratique politico-culturelle traditionnelle de la part des institutions publiques, cette commande répond à des besoins très nuancés. Elle concerne aussi bien le monument à la gloire des institutions ou du pouvoir dans sa forme classique, qu'un art davantage inscrit dans la réalité sociale, signe des relations nouvelles qui unissent artistes et instances publiques depuis les années 90 en France.

Commanditaire

Pour une œuvre, ce peut être un collectionneur privé comme un musée ou un centre d'art. Commande et liberté de création sont souvent en contradiction : les artistes intègrent alors une négociation à leur démarche et travaillent à partir d'un projet.

Contexte

Au musée, il s'est réduit à l'espace blanc et géométrique de la salle d'exposition, dont on a pu dire qu'il était la seule invention propre à l'art du XXe siècle. Le contexte matériel de visibilité peut être important pour la réception, comme le sont les contextes culturels ou économiques. Surtout, l'œuvre moderne s'est fait règle d'élargir les contextes de son existence : ainsi du Land Art qui donne le monde extérieur en contexte à la forme et au geste artistique.

Documenta

Importante exposition d'art contemporain qui, à dix reprises entre 1955 et 1997, a réuni une sélection d'artistes internationaux de premier plan. Créée à Kassel en Allemagne, sur les ruines de l'après-guerre, cette institution choisit un ou plusieurs commissaires à chaque édition.

Earthwork

Consacré par quelques titres d'expositions des années 64-65, en particulier à New York, le mot retrouve celui que De Maria a formé pour situer ses projets dans le monde géographique. Il fédère plus ou moins bien les artistes américains qui ont lancé des projets à la mesure du désert américain, et qui envisagent leur intervention dans la nature avec l'aide de moyens techniques et à une échelle tels que la réalisation de leurs œuvres leur échappe. Machines voire ouvriers sont nécessaires. L'œuvre laisse souvent une trace définitive dans le paysage, marquant la nature d'un sceau non réversible. Une violence à l'environnement, même si elle est plus symbolique que concrète bien sûr, est dénoncée là, surtout par ceux qui se réclament plutôt du Land Art.

Entropie

La physique nomme ainsi la déperdition de l'énergie de la matière, inertie que les mathématiques savent modéliser. Le mot est emprunté et très élargi pour désigner tout phénomène d'usure ou d'érosion : l'artiste Robert Smithson a beaucoup banalisé cette notion, aujourd'hui très répandue dans son sens large.

Environnement

Le mot a servi dans les années 70 en français pour désigner le contexte écologique dans son ensemble, ce qui en fait un faux ami de l'usage anglo-saxon du mot rapporté à l'art : celui-ci désigne en effet toute forme d'œuvre constituée de la combinaison, à l'échelle de la sculpture, de matériaux et d'objets souvent tirés du monde quotidien et disposés de manière englobante. Une certaine distance par rapport à l'espace du musée accompagne souvent cette pratique ; elle est une redéfinition de l'espace offert par celui-ci. *Plight* de Joseph Beuys, au Musée national d'art moderne, en est un modèle.

Épreuve d'artiste

Dans une édition, c'est à dire la production de toute œuvre en multiples par les techniques classiques de la gravure mais aussi par tirage photographique, par moulage ou tout autre procédé, un ou plusieurs tirages sont réservés à l'artiste pour mémoire.

Équinoxes et solstices

Moments de la vie cosmique remarquables. Les passages, deux fois par an, à l'égalité de temps entre jour et nuit, c'est-à-dire quand le soleil passe au plus près du plan de l'équateur, ou quand le soleil atteint son plus grand éloignement angulaire du plan de l'équateur, sont des repères spatio-temporels que les cultures anciennes observent et célèbrent. Dans les dispositifs d'observatoire qu'ont fait certains artistes de l'Earth Art (Robert Morris, Nancy Holt), ces repères ont une grande importance, plus nostalgique qu'astronomique cependant.

Expérience

Manière de désigner la relation à l'œuvre d'art comme constitutive de celui qui la regarde. L'expérience de l'œuvre d'art complète est une réalité existentielle pour son acteur : c'est du moins une hypothèse essentielle de l'art contemporain.

Exposition

Pratique culturelle dont l'histoire est bien plus courte que celle des œuvres d'art, de l'art pictural, ou même du tableau. Rendez-vous daté dans un lieu fixe, l'exposition est l'un des moments forts et publics de l'industrie culturelle. Mais vécue comme une contrainte trop lourde par nombre d'artistes du siècle, elle se voit concurrencée par d'autres modes de diffusion de l'art, dont les supports numériques et les réseaux.

Expressionnisme abstrait

Sensibilité artistique de l'abstraction picturale baptisée aux États-Unis et qui consacre l'abstraction informelle et gestuelle, en la chargeant d'une expression de l'individualité de l'œuvre par rapport à ses contenus existentiels abstraits, mais aussi par rapport au vécu de l'artiste. Important pour la définition du rôle de l'artiste et pour l'affirmation renouvelée de l'écart entre esthétique et beauté formelle.

FRAC (fonds régional d'art contemporain)

Il y en a 23 en France : ce sont des institutions financées à parts à peu près égales par la région et par l'état, au travers du Ministère de la Culture. Parfois décriés comme représentants d'un académisme contemporain, ils sont très souvent convoités par l'étranger. Ils font circuler les artistes et ont un rôle de sensibilisation important auprès de publics variés.

Installation

Comme l'environnement, l'installation tente de décrire toute forme d'œuvre constituée de la combinaison, à l'échelle de la sculpture, de matériaux et d'objets souvent tirés du monde quotidien, mais sans la volonté d'englobement de l'environnement. L'installation se trouve aussi bien dans la salle d'exposition (elle tient de la sculpture alors) que lâchée dans la nature ou dans la rue, à l'échelle microscopique comme à celle de l'architecture.

Intervention

Proche de l'action, parce qu'elle est aussi acte, elle en diffère car c'est moins le geste qui est considéré comme une forme esthétique que le résultat du geste, sa trace sur l'univers visuel ou dans le vécu des participants. Sa dimension politique et sociale est souvent mise en avant.

Kant, Emmanuel

Philosophe du XVIIIe siècle qui a formulé des propositions très prégnantes sur la pensée de l'œuvre d'art. Sa pensée fait une place à la différence entre beauté naturelle et œuvre de l'art, définissant une relation esthétique spécifique dans chacun de ces cas. Avec le Land Art, cette ligne de partage se trouve à nouveau interrogée.

Land Art

Pendant anglais de l'Earth Art, il s'en distingue comme faisant un principe de ne pas marquer l'ordre naturel de manière irréversible ou violente. Hamish Fulton et Richard Long y sont associés, même malgré eux. Dans son usage historique, il englobe l'Earth Art, peut-être autant par commodité phonétique que pour des raisons proprement historiques. La difficulté à le traduire en a fait un mot d'usage en français.

Marche

Activité anthropologiquement très marquée. Pour le petit d'homme comme pour l'espèce, c'est une conquête majeure. Pour l'artiste, c'est une des manifestations qui expriment son appartenance au cours existentiel ordinaire.

Minimalisme

Tendance, née aux États-Unis dans les années 60, qui réduit le geste du sculpteur au choix d'un matériau modulaire simple et maniable, disposé dans l'espace de manière à jouer avec les déplacements du spectateur. Ce vocabulaire de formes simples trouve un écho à la fois en architecture et en design, mais aussi dans le Land Art qui a le même souci de se servir de formes simples et de structures primaires.

MIT (Massachussetts Institute of Technology)

Institution universitaire (Cambridge, États-Unis) qui reçoit des artistes et les met en contact avec des scientifiques pour envisager des recherches communes. C'est un des lieux où l'œuvre d'art renouvelle les moyens et les outils qu'elle se donne, au-delà du travail solitaire et informel de l'atelier.

Modernité

Période historique dont Baudelaire est un bon repère, au milieu du XIXe siècle, marquée par la sécularisation du monde et par une vision du temps historique linéaire et positive, souvent contredite par les développements de l'Histoire réelle. D'où son relatif discrédit dans les trente dernières années du XXe siècle. L'hypothèse de la postmodernité répond à ce désenchantement, et suspend la question de la qualification globale du devenir et de son orientation.

Monument

Voué à conserver et à perpétuer la mémoire d'un principe ou d'un événement, le monument peut prendre toutes les formes. L'architecture et l'art s'en partagent la production. La statuaire en est un modèle tenace dans la culture occidentale. La théâtralité et la nécessité de faire sens sont des contraintes du genre, qui répugnent souvent l'œuvre moderne.

Nouveau Réalisme

Désigne la sensibilité artistique que partage une génération d'artistes français réunis en 1960 autour de l'idée de « nouvelle approche perceptive du réel », et qui prend ses formes et ses codes dans le champ des activités quotidiennes. Klein, Tinguely, Villeglé, Hains en font partie.

Œuvre d'art totale

Rêverie et objet de recherche des Romantiques sous le nom de *Gesamtkunstwerk,* par exemple en relation avec l'opéra wagnérien, c'est une forme de l'œuvre d'art qui s'adresse à tous les sens à la fois, et qui en saturant ainsi la perception atteindrait une intensité de sens sans égale. Cette vision idéaliste sert encore de repère pour les œuvres en expansion et les dispositifs complexes.

Paysage

Genre artistique et réalité géophysique : l'idée de paysage recouvre ces deux aspects, intimement mêlés. D'où la dépendance à la culture de ce rapport au monde. C'est aussi le nom d'un genre artistique. Flaubert en donne une définition dans son *Dictionnaire des idées reçues* : « Paysages de (peintre) : toujours des plats d'épinards. »

Photographie

Mode de production de l'image qui accorde au monde objectif représenté un rapport à la réalité particulier, une consistance de vérité sans équivalent. Mode extrêmement prégnant sur la perception et sur la culture des images tant il a envahi de nombreux espaces et territoires de la représentation, bien au-delà du champ de l'art. La culture de la photographie dépasse le cercle de la Culture. C'est une des raisons de son succès comme pratique artistique.

Primitivisme

Tentation artistique de référer ou de se mesurer aux arts primitifs, en particulier aux arts originaires et à ceux des pays non occidentaux, aux cultures africaines par exemple. Important pour le Cubisme et le Surréalisme, alors que la mondialisation donne une nouvelle nécessité à l'attention à l'autre.

Production (de l'œuvre)

Sur le modèle de la création cinématographique, l'œuvre contemporaine peut amener des contraintes de réalisation résolues par une gestion des moyens techniques et économiques rompant avec la pratique solitaire de l'artiste en humble « manufacteur » dans son atelier.

Projection

Mode de manifestation publique de l'image photographique et surtout cinématographique. Sa force réside dans sa proximité avec la représentation mentale et avec le fonctionnement de la vie psychique.

Ready-made

Le mot dans sa forme vient de Marcel Duchamp pour désigner un usage artistique dont il a inauguré la pratique : l'emprunt d'objets ordinaires en lieu et place de réalisation matérielle de l'œuvre. L'*Urinoir* (1917) en est un exemple pionnier.

Sécularisation

Une perspective large sur l'histoire de l'art fait apparaître au creux de l'ambiguïté du mot de créateur une transformation du système de valeurs de l'art et des fondements de sa légitimité, de sa puissance de conviction. Au dispositif centralisé qui fait accorder une origine divine à toute chose, comme il en va avec les grandes religions monothéistes du monde, la modernité a définitivement confirmé ce que les romantiques annonçaient dans la première moitié du XIXe : l'homme, d'abord conduit par le génie, au travers de la figure de l'artiste inspiré, de l'auteur, jusqu'à « l'homme du commun » selon le mot de Dubuffet est la plus haute autorité créatrice, et son seul principe de légitimation. L'autorité de l'art s'en trouve sans doute modifiée, mais pas amoindrie, dans une vision moderne.

Signe

Marque, forme qui en plus d'autres qualités (fonctionnalité par exemple) met son support en relation avec d'autres réalités, c'est-à-dire qu'il signifie, manifeste, rappelle, s'associe ces autres réalités. Tout fait signe en art. L'étude de ces signes particuliers que sont les faits de la langue a marqué l'étude de tous les autres signes, en les mettant souvent dans des logiques de système, précisément à l'image de la langue.

Statue

Mode historique de la manifestation de la sculpture, très présent dans les traditions à forte pérennité comme l'architecture ou l'aménagement urbain.

Syncrétisme

Capacité partagée avec les pratiques religieuses dans des situations historiques de concurrence, d'intégration d'hypothèses, de modèles ou de fonctionnements.

Trou

Forme emblématique d'un rapport à la sculpture radical, dont les artistes de l'Earth Art usent volontiers : forme négative produite par retrait, elle est déceptive bien sûr, mais rejoint des pratiques anthropologiquement très ancrées comme celle de la mise en terre des morts.

« J'ai pensé à un chantier artistique que j'aimerais ouvrir. Ce serait une sorte de grand trou dans le sol... L'excavation du trou ferait partie de l'art. Peut-être ne m'avez-vous pas pris au sérieux ? Mais je le suis véritablement, et si ce texte devait tomber entre les mains de quelqu'un qui possède une entreprise de construction et qui est intéressé par la promotion de l'art et de mes idées, je le prie de rentrer immédiatement en contact avec moi ».
Walter De Maria, mai 1960, cité par J.M. Poinsot.

Virtuel

Mode d'existence des choses immatérielles (ou dont la matérialité est physiquement insaisissable) comme les idées ou les images. Et mode d'existence des réalités transformées par leur représentation, comme le lieu par la photographie, ou plus encore par la numérisation, qui rend plus physiquement impalpable l'objet.

Index

Index des artistes dont les œuvres sont reproduites dans l'ouvrage.

Bibliographie

Livres thématiques, historiques ou théoriques

BEARDSLEY (John), *Eartworks and beyond,* Abbeville Press publishers, New York, troisième édition, 1998 ;
CAUQUELIN (Anne), *L'invention du paysage,* Plon, Paris, 1983 ;
GARRAUD (Colette), *L'idée de nature dans l'art contemporain,* Flammarion, 1994 ;
KASTNER (Jeffrey) et WALLIS (Brian), *Land and environmental art,* Phaidon Press Limited, Londres, 1998 ;
KRAUSS (Rosalind E.), *L'originalité de l'avant-garde et autres mythes modernistes* (traduction), éditions Macula, Paris,1993 ;
LIPPARD (Lucy), *Six years : the dematerialisation of the art object,* Prager, New York, 1973 ;
LUGINBUHL, *Le paysage des Lumières à nos jours,* La Manufacture, Besançon, 1989 ;
PANOVSKY (Erwin), *La perspective comme forme symbolique* (traduction), éditions de Minuit, Paris, 1975 ;
POINSOT (Jean-Marc), *L'atelier sans murs,* Art éditions, Villeurbanne, 1991 ;
ROGER (Alain), *Court traité du paysage,* Gallimard, Paris, 1997 ;
ROGER (Alain), *Art et anticipation,* éditions Carré, 1997 ;
SANDLER (Irving), *Le triomphe de l'art américain* (traduction), 3 volumes, éditions Carré, Paris, 1990 ;
SERRES (Michel), *Atlas,* réédition Champs Flammarion, Paris, 1996 ;
SONFIST (Alan), *Art in the Land, a critical anthology of environnemental art,* Dutton Inc, New York, 1983 ;
TIBERGHIEN (Gilles A.), *Land Art,* éditions Carré, Paris, 1993-1995 ;
TIBERGHIEN (Gilles A.), *Land Art Travelling,* éditions ERBA, Valence, 1996.

Ouvrages collectifs

Construire les paysages de la photographie, éditions Metz pour la photographie, Metz, 1986 ;
Cinq propositions pour une théorie du paysage, sous la direction d'Augustin BERQUE, Champ Vallon, Seyssel, 1994 ;
Le Jardin, art et lieu de mémoire, Vassivière en Limousin, sous la direction de Monique NYSSER et Philippe NYS, Éditions de l'Imprimeur, Besançon, 1995 ;
La théorie du paysage en France, textes réunis par Alain ROGER, Champvallon, Seyssel, 1995.

Catalogues d'exposition

Qu'est-ce que la sculpture moderne ?, sous la direction de Margit ROWELL, éditions du Centre Georges Pompidou, Paris, 1986 ;
Différentes Natures, sous la direction de Liliana ALBERTAZZI, éditions Lindau, Turin, 1993 ;
La Ville (art et architecture), sous la direction de Jean DETHIERS et ALAIN GUIHEUX, éditions du Centre Georges Pompidou, Paris, 1993 ;
Géographiques, éditions du FRAC Corse, Corte, 1997.

Revues

Le Débat, n° 65, mai-août 1991, Gallimard, Paris, (Dossier Paysage) ;
Art and Design, n° 30, « Installation Art », Londres, 1996 ;
Pratiques, n°3/4, automne 1997, Rennes, 1997 ;
Topos 92, n° 16, « L'art contemporain, l'homme, la ville », édité par le CAUE 92, Boulogne Billancourt, 1995.

Note :

Les nombreux catalogues monographiques et écrits d'artistes complètent cette liste.
On peut suivre l'actualité bibliographique en art contemporain dans *Critique d'art,* bulletin des archives de la critique d'art, publié deux fois par an.

Crédits photographiques

ADAGP, Paris 1999 : pp. 9, 11, 16, 20, 22bg, 34, 35 36hg, 36b, 38b, 58h, 60b, 62, 64, 65, 66, 67, 74b, 88, 89, 92hg, 92hd, 105
Akenaton Ajaccio : p. 36d
Anselmo Giovanni : p. 8
Art Gallery of Ontario, Toronto : p. 40
Barbara Gladstone Gallery, New York : p. 106
Baxter Iain : pp. 40, 42, 43h
Blazy Michel : p. 58
Burden Chris : p. 12
Buren Daniel : pp. 88, 89
CCC Tours et atelier Calder : p. 81h-photo P. Magnon
Centre d'art contemporain, Vassivières : p.76b-photo J. Hœpffner
Centre d'art du Crestet : p. 60b
Charney Melvin : p. 83
Cristiani Élie : p. 58b
Christo et Jeanne-Claude, New York : pp. 24- photo H. Shunk, 26h, 26b-photo H. Shunk, 27b-photo Jeanne-Claude, 27h-photo H. Shunk
D.R. : pp. 16, 20hd, 34, 45, 58b, 71b, 87b, 90b
De Roux Antoine : p. 38b
Dia Center for the Arts, New York : pp. 28-photo J. Cliett, 29-photo J. Cliett, 84-photo T. Schroeder
Documentation du Musée national d'art moderne, Paris : p. 82
Établissement public du Parc de la Villette, Paris : p. 22bd-photo H. Gloagen
Finlay Ian Hamilton : pp. 68-photo D. Paterson, 70-photo A. Lawson, 71h
Fondation Jean Dubuffet, Paris : p. 74b
FRAC Bretagne : pp. 18h-photo Florian Kleinefenn, 44b, 60c-photo Guy Jaumotte, 66
FRAC Corse : pp. 14b, 43b-photo-P. Jambert
FRAC Limousin : p. 106-photo Magnoux
FRAC Nord-Pas de Calais : p. 54b
FRAC Pays de la Loire : p. 58h
Galerie Anne de Villepoix, Paris : p. 12g, 76hd
Galerie Durand Dessert, Paris : pp. 8, 38h-photo A. Morin, 44h, 86, 87h
Galerie Gabrielle Maubrie, Paris : pp. 94, 95, 96, 97
Galerie Hauser & Wirth, Zurich : p. 72, 73
Galerie Jean Hamon, Bullion : 22bg
Galerie Lelong, Paris : 56d, 56g, 57
Galerie Marian Goodman, Paris et New York : pp. 10, 13, 102, 103
Galerie Oudin, Paris : p. 20b-photo Jean-Claude Francolon
Galerie Renos Xippas, Paris : 90b-photo Sophie Fenwick
Galerie Roger Pailhas, Marseille : p. 100
Galerie Yvon Lambert, Paris : p. 22h, 36b-photo Jacques Robert, 90c
Gallego Antonio : p. 92b-photo François Morel
Gette Paul-Armand : p. 60b
Giraudon, Paris : p. 14h
Gorgoni Gianfranco : pp. 20hd, 34
Haacke Hans : pp. 36hg, 74b
Heizer Michael : pp. 30, 32b, 33hg, 33b, 74h
Herning Kunstmuseum, Herning : p. 9-photo T. Petersen
Holt Nancy : pp. 50, 51
Holzer Jenny : p. 98-photo A. Maranzano, 99-photo P. Wrede
Hubaut Joël : p. 105-photo H. Freundlich
Irwin Robert : p. 62, 64, 65
Jezéquel Claire-Jeanne : p. 38g-photo Carbonnet
John Weber Gallery, New York : pp. 20hg-photo G. Gorgoni, 35-photo G. Gorgoni
Kamawata+on the table : pp. 80, 81b
Kanaal Art Foundation, Kortrrijk : pp. 78- photo L. van der Kleij, 79
Kopp Jan : p. 60h
Leccia Ange : p. 92hg
Le Channel, Scène nationale de Calais : p. 18b-photo A. Morel
Long Richard : pp. 52, 54h, 55
Morellet François : pp. 58h, 92hd
Musée national d'art moderne, Paris : p. 11
Negro Marylène : p. 104
Oppenheim Dennis : couverture et p. 46, 47, 48
Orozco Gabriel : pp. 10, 13
Penone Giuseppe : pp. 44, 45
Photothèque des Musées de la ville de Paris : p. 33d-photo Delepelaire
Raynaud Jean-Pierre : p. 67
Reip Hugues : pp. 9-photo F.D., 14b, 76hg
Stock image, Paris : p. 12h-photo G. Bouchet
Ville de Rennes : p. 90h-photo F. Kleinefenn
Wiener Lawrence : p. 18b
Wodiczko Krzysztof : pp. 94, 95, 96, 97

Mise en page : Thierry Renard
Conception graphique : Maxence Scherf
Corrections : Béatrice Leroy et Céline Lamartinie
Photogravure : Offset Publicité
Impression : Arti Grafiche Gajani, Rozzano - Milan
Mai 2002
Dépôt légal : mai 1999